MARVEL AGE 1000

MARVEL AGE 1000

APPRENTISSAGE ARTIFICIEL
Machine Learning
Marvel Age (2023) 1000
octobre 2023

REPAS DOMINICAL
Sunday Dinner
Marvel Age (2023) 1000
octobre 2023

ÉTERNELLES QUESTIONS...
People Wonder Why...
Marvel Age (2023) 1000
octobre 2023

ARME FATALE
Earth Greatest Weapon!
Marvel Age (2023) 1000
octobre 2023

SURTENSION
Overload
Marvel Age (2023) 1000
octobre 2023

PARADIS SOURD
Deaf Heaven
Marvel Age (2023) 1000
octobre 2023

LA FILLE QUI HAIT LES SUPER-HÉROS
The Girl Who Hates Super-Heroes
Marvel Age (2023) 1000
octobre 2023

OBSERVATIONS DU JARDIN
Observations From the Backyard
Marvel Age (2023) 1000
octobre 2023

MARK WAID (*Apprentissage artificiel*)
RYAN STEGMAN (*Repas dominical*)
RAINBOW ROWELL (*Éternelles questions...*)
DAN SLOTT (*Arme fatale*)
ARMANDO IANNUCCI (*Surtension*)
STEVE McNIVEN (*Paradis sourd*)
JASON AARON (*La fille qui hait les super-héros*)
J. MICHAEL STRACZYNSKI (*Observations du jardin*)
SCÉNARIO

ALESSANDRO CAPPUCCIO (*Apprentissage artificiel*)
RYAN STEGMAN (*Repas dominical*)
MARGUERITE SAUVAGE (*Éternelles questions...*)
MIKE ALLRED (*Arme fatale*)
ADAM KUBERT (*Surtension*)
STEVE McNIVEN (*Paradis sourd*)
PEPE LARRAZ (*La fille qui hait les super-héros*)
KAARE ANDREWS (*Observations du jardin*)
DESSIN

ALESSANDRO CAPPUCCIO (*Apprentissage artificiel*)
JP MAYER (*Repas dominical*)
MARGUERITE SAUVAGE (*Éternelles questions...*)
MIKE ALLRED (*Arme fatale*)
ADAM KUBERT (*Surtension*)
STEVE McNIVEN (*Paradis sourd*)
PEPE LARRAZ (*La fille qui hait les super-héros*)
KAARE ANDREWS (*Observations du jardin*)
ENCRAGE

MATTIA IACONO (*Apprentissage artificiel*)
DAVE McCAIG (*Repas dominical*)
MARGUERITE SAUVAGE (*Éternelles questions...*)
LAURA ALLRED (*Arme fatale*)
FRANK MARTIN(*Surtension*)
STEVE McNIVEN (*Paradis sourd*)
ALEJANDRO SÁNCHEZ (*La fille qui hait les super-héros*)
KAARE ANDREWS (*Observations du jardin*)
COULEURS

LAURENCE BELINGARD
TRADUCTION

ALESSANDRA GOZZI
LETTRAGE

MARTIN BIRO
ANNALISE BISSA
TOM BREVOORT
C.B. CEBULSKI
RÉDACTION USA

Pour l'édition française : Panini France S.A. - Nice La Plaine, Bât. C2, Avenue Emmanuel Pontremoli, 06200 Nice.
ISBN : 979-10-391-2353-2
Dépôt légal : **mars 2024**
Achevé d'imprimer en **Italie** en **février 2024** par **L.E.G.O. S.p.A.**
Via Galileo Galilei, 11 - 38015 Lavis (TN).
Code produit : **FMH24013**

www.panini.fr

L'univers Marvel donne à voir un monde réaliste, à l'image de celui que l'on voit de sa fenêtre, pour reprendre une célèbre expression de **Stan Lee**. En créant la plupart des grands super-héros de la maison d'édition dans les années 1960, Stan Lee, **Jack Kirby** et **Steve Ditko** prennent en effet le parti de mettre en avant les failles et les faiblesses des justiciers. Révolutionnaire, cette approche porte ses fruits et les lecteurs suivent dès lors autant les aventures que les mésaventures de **Spider-Man**, la **Chose**, les **X-Men** ou **Hulk**… Qu'ils soient Supers-Soldats, androïdes, dieux nordiques, monstres ou mutants, ils vivent, aiment, rient et souffrent comme n'importe quel être humain. Alors que **Peter Parker** a du mal à jongler entre sa vie personnelle et son identité de héros, **Scott Summers** et **Jean Grey** ne parviennent pas à s'avouer leur amour réciproque. **Jane Foster**, l'alter ego de **Thor**, est atteinte d'un cancer incurable… Même le **Silver Surfer**, détenteur du pouvoir cosmique, se retrouve en proie au doute lorsque le démoniaque **Méphisto** tente de lui subtiliser son âme. C'est ce versant intime et émouvant qu'a décidé de privilégier le rédacteur **Tom Brevoort** dans cet album. Il offre ainsi l'opportunité à des artistes comme **Jason Aaron**, **Rainbow Rowell**, **Ryan Stegman** et **Steve McNiven** de concevoir des récits plus personnels ayant pour vocation de toucher un plus large public, des histoires évoquant des événements aussi mémorables que *La mort de Captain Marvel* de **Jim Starlin**, *Dieu crée, l'homme détruit* de **Chris Claremont** et **Brent Anderson** ou encore *Le garçon qui collectionnait Spider-Man* de **Roger Stern** et **Ron Frenz**. À l'époque, ces récits choquent, émeuvent et suscitent des discussions et des réflexions tout en répondant au besoin d'évasion des lecteurs. Brevoort emprunte aussi le titre *Marvel Age* à la revue du même nom. Parue de 1983 à 1994, celle-ci proposait des entretiens avec des auteurs et des articles sur les comics Marvel à paraître. Certains de ces articles sont d'ailleurs proposés en bonus dans les albums MARVEL EPIC COLLECTION. N'hésitez pas à y jeter un œil !

MARVEL AGE 1000

Marvel Age (2023) 1000
Couverture : **GARY FRANK**

ÇA ME RÉVEILLE.
1939
SKREETCH... SKKZZT... VENUE...
... DANS LA DEMI-HEURE HY HEAT, AVEC MONTY SLOAN DANS LE RÔLE DU LT HY HEAT, LE DÉTECTIVE DES BANDES DESSINÉES FUNNIES...
MON PROGRAMME PRÉFÉRÉ. NOTRE PRÉFÉRÉ, MM ?
... PRÉSENTÉE PAR LA POUDRE BELLES DENTS GOODMAN, NORMALE ET MENTHE ! QUAND NOUS AVIONS LAISSÉ LE LIEUTENANT HEAT...
ÇA TIENT COMPAGNIE, HEIN ?
... IL ÉCHANGEAIT DES TIRS AVEC LE BRAQUEUR DE BANQUES MAX MOODY.
PATIENCE, MON PETIT PINOCCHIO. J'AI PRESQUE FINI.
BLAM ! BLAM !
MOODY ! TU N'IRAS NULLE PART AVEC ÇA, ABRUTI !
CHOPE-MOI, POULET !
BLAM !
BIZARRE. TA TEMPÉRATURE GRIMPE RAPIDEMENT. SENS-TU UN CHANGEMENT DANS...
FWOOSH
BLAM ! BLAM ! BLAM !

UN JOUR PASSE.
PINOCCHIO, ÊTRE ARTIFICIEL, FRUIT DE MON TRAVAIL.
GARDE TES PIEDS SUR L'AMIANTE.
OUI, PROFESSEUR NORTON.
JE T'AI CRÉÉ. TU ES À MOI. MOI SEUL.
MAIS J'IGNORE QUOI FAIRE DE TOI, COMMENT TE RÉPARER.

HIER, JE T'AI CRU DÉTRUIT PAR COMBUSTION SPONTANÉE. MAIS L'IMPOSSIBLE S'EST PRODUIT ET CONTINUE DE SE PRODUIRE.
L'OXYGÈNE T'EMBRASE, MAIS LES FLAMMES NE TE CONSUMENT PAS.
C'EST LE FEU DE L'ENFER, SUR TERRE. ET TU N'AS RIEN FAIT POUR LE MÉRITER.
BONG
OH ! BIENTÔT HY HEAT !
"TU N'IRAS NULLE PART AVEC ÇA, ABRUTI !"
"LES BIENS, C'EST SACRÉ, MAIS MOINS QUE LA VIE."
"SOIS JUSTE, TU NE TE TROMPERAS JAMAIS."
BRAVO. TU AS APPRIS SES PLUS FAMEUSES RÉPLIQUES. EST-CE QU'ELLES ONT UN SENS POUR TOI ?
RESPECTER LA LOI, JE SUPPOSE. PRÉSERVER LA VIE. ET LES BIENS. ÊTRE JUSTE.
MERVEILLEUX !
TU ACQUIERS UN SENS MORAL.
SKRRRTCH... DEMI-HEURE HY HEAT, AVEC MONTY SLOAN DANS LE RÔLE DU LT HY HEAT, LE DÉTECTIVE DES BANDES DESSINÉES FUNNIES...

D'AUTRES JOURS PASSENT, RICHES D'EXPÉRIENCES, D'APPRENTISSAGE.
SUR L'ENFERMEMENT...
NE PAS EXPOSER À L'OXYGÈNE
... ET L'ÉVASION.
SUR LE CRIME...
... ET LE CHÂTIMENT...
LES BIENS, C'EST SACRÉ.
MAIS MOINS QUE LA VIE.

... ET, ENFIN, LA DÉCEPTION.
MON PINOCCHIO ! TU ES REVENU !
REGARDE-TOI ! TU NE BRÛLES PAS !
J'AI APPRIS À MAÎTRISER LE FEU GRÂCE À...
TU SAIS CE QUE ÇA VEUT DIRE ?
OUI. JE PEUX PROTÉGER LA VIE ET LES BIENS SANS RISQUER...
JE VAIS FAIRE FORTUNE ! GRÂCE AUX EXPOSITIONS ! À LA PUBLICITÉ ! LA TORCHE HUMAINE VA ME RENDRE CÉLÈBRE !
JE NE COMPR...
TU VEUX ÊTRE COMME HY HEAT, NON ? IL FAIT GAGNER DE L'ARGENT À SES CRÉATEURS ! MAGAZINES, RADIO, JOUETS...
NON ! HY HEAT FAIT LE BIEN !
OUI. EN ME MONTRANT COMMENT EXPLOITER AU MIEUX MA CHOSE. TOI !
VOTRE CHOSE ?

NON. JE SUIS PLUS SACRÉ QUE ÇA.
PINOCCHIO, ATTENDS !
REVIENS !
JE NE SAIS PAS CE QUE HORTON ESSAYAIT DE ME DIRE AVEC HY HEAT. ÇA N'A PAS DE SENS. MAIS ÇA SEMBLE IMPORTANT.
J'AI BESOIN DE COMPRENDRE. ET POUR ÇA...
... JE DOIS ALLER À LA SOURCE.
POLICE

JAMAIS VU CES BIJOUX, JE VOUS DIS !
DOIGT SUR LE TAMPON.
REGARDER QUI VA LÀ !
C'EST QUI ?
TU NE LIS PAS LES JOURNAUX ? C'EST LA TORCHE HUMAINE.
ON PEUT T'AIDER, TORCHE ?
JE CHERCHE LE LT HY HEAT. JE PEUX LUI PARLER ?
HY HEAT ?
IL EST EN RÉUNION AVEC FÉLIX LE CHAT !
FWOOSH
OUAH !

DU CALME, TU FAIS PEUR À TOUT LE MONDE. ÉTEINS ÇA.
VOUS VOUS ÊTES MOQUÉS ! TOUS !
À CAUSE DE HY HEAT !
ET JE NE VOIS PAS CE QUI EST DRÔLE !
EXPLIQUEZ-MOI !
ÇA VA... AVEC LES GARS, ON VOULAIT JUSTE RIGOLER UN PEU. ON EST DÉSOLÉS.
GARDEZ VOS EXCUSES. JE VEUX SAVOIR CE QUI EST SI DRÔLE DANS MA QUESTION ? POURQUOI VOUS NE ME RÉPONDEZ PAS ?
BEN...
HÉ, TORCHE...
... JE VAIS T'AIDER. JE TE SOUTIENS.
ON PEUT SE TIRER DE CE TROU ENSEMBLE... QUAND TU VEUX.

FWOOSH
AAH !
TU N'IRAS NULLE PART AVEC ÇA, ABRUTI !
BAISSEZ VOTRE ARME. COOL.
LA TORCHE EST AVEC NOUS. HEIN, TORCHE ?
ET TA QUESTION N'A RIEN DE DRÔLE. PAS SI ELLE TE MET DANS CET ÉTAT.
ENCORE DÉSOLÉ.
HY HEAT... JE L'ENTENDS TOUS LES JOURS. JE DOIS SAVOIR !
SON BUT, C'EST DE FAIRE LE BIEN ? OU DE GAGNER DE L'ARGENT ?
À QUOI IL SERT ?

BIENTÔT...
TORCHE, LES GENS SONT...
... ON SE DIT QU'ON EST BONS, ON CROIT EN LA JUSTICE, ALORS, ON INVENTE DES HISTOIRES DE HÉROS. C'EST UNE FAÇON DE RENDRE ÇA RÉEL.
MAIS ON N'EST PAS PARFAITS. ON EN REVIENT TOUJOURS À L'ARGENT, À NOS INTÉRÊTS. ON EST HUMAINS.
"JE CONNAIS TON PARCOURS. TU N'ES PAS HUMAIN. SI QUELQU'UN PEUT RÉSISTER À LA TENTATION...
LES BIENS, C'EST SACRÉ ! MOINS QUE LA VIE !
"... CONSACRER CHAQUE INSTANT DE SON EXISTENCE À FAIRE LE BIEN...
TU N'IRAS NULLE PART AVEC ÇA, ABRUTI !
"... C'EST *TOI*, TORCHE.
N'OUBLIEZ PAS, LES JEUNES : SOYEZ JUSTES, VOUS NE VOUS TROMPEREZ JAMAIS !
"HY HEAT, C'EST TOI."
APPRENTISSAGE ARTIFICIEL
Scénario et dessin : Mark Waid et Alessandro Cappuccio
Couleurs : Mattia Iacono Lettrage : Alessandra Gozzi

LANCE-SÉRUM ANTI-LÉZARD : VU.
PETITE PLANQUE SYMPA OÙ LE LÉZARD SE PRÉCIPITE APRÈS SES CASSES : VU.
PETER PARKER À L'HEURE AU REPAS DOMI-NICAL POUR LA PREMIÈRE FOIS CAR C'EST UN GÉNIE EFFICACE : REVU.
C'EST CE QUE TOUT LE MONDE DIT. PETER PARKER EST EFFICACE ET FIABLE.
LES ÉTOILES DE L'INFINI !
BZT
Randy Robertson
Salut, Pete. Je vais payer le loyer. Tu peux me virer ta moitié et je règle tout ?
JE RIGOLE.
PERSONNE NE DIT ÇA.
On risque d'être encore en retard.
Oui
Désolé
Je te fais ça
BANG
ENVOYÉ.
OH OH. LÈVE-TÔT.

J'AVAIS BIEN FLAIRÉ UNE ARAIGNÉE !
KRUNCH
INFO : PAS DE SMS QUAND ON GUETTE UN SUPER-CRIMI-NEL.
REPAS DOMINICAL
Scénario et dessin
Ryan Stegman
Encrage JP Mayer
Couleurs Dave McCaig
Lettrage
Alessandra Gozzi

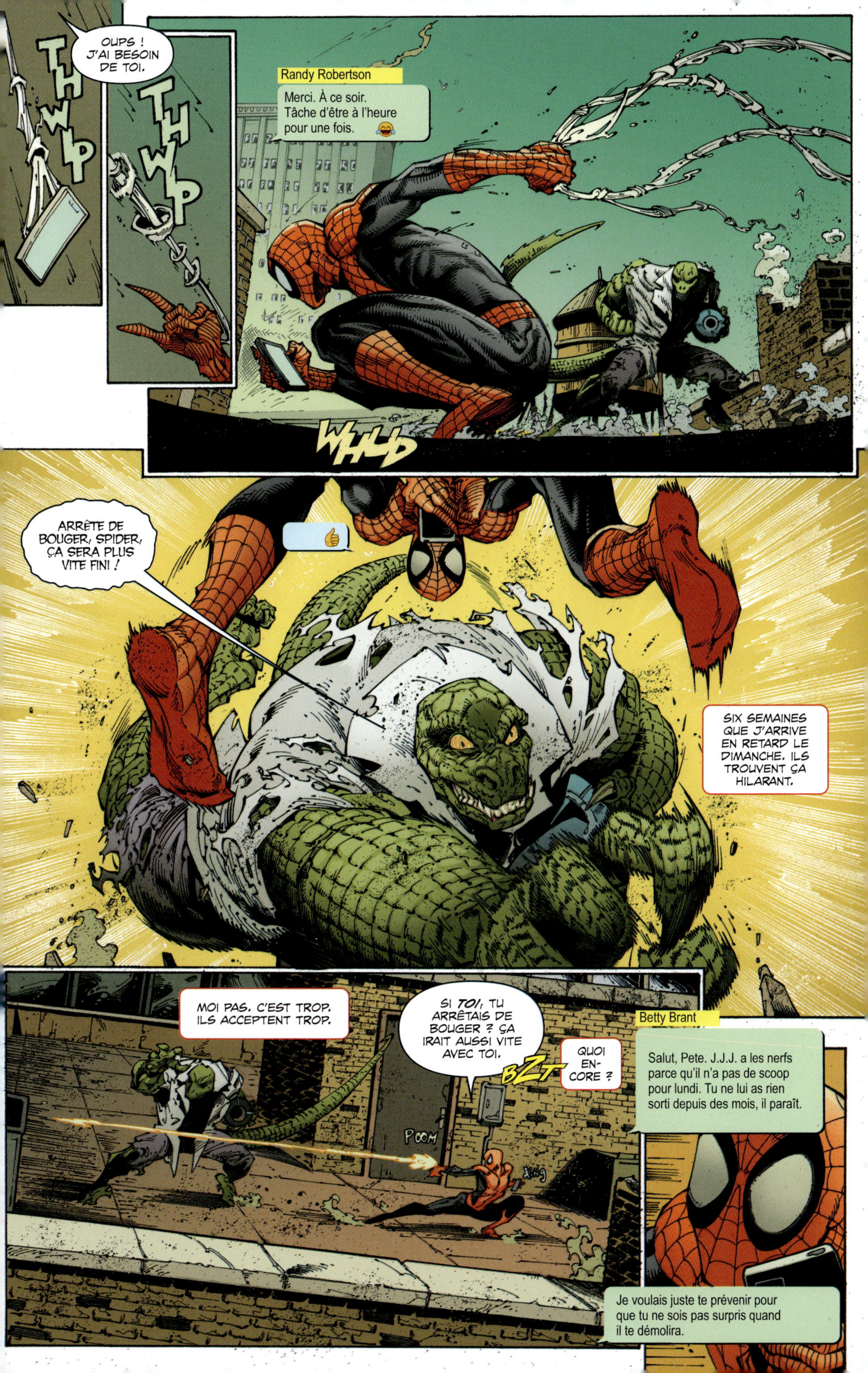
THWP
OUPS ! J'AI BESOIN DE TOI.
THWP
Randy Robertson
Merci. À ce soir. Tâche d'être à l'heure pour une fois. 😂
WHUD
ARRÊTE DE BOUGER, SPIDER, ÇA SERA PLUS VITE FINI !
👍
SIX SEMAINES QUE J'ARRIVE EN RETARD LE DIMANCHE. ILS TROUVENT ÇA HILARANT.
MOI PAS. C'EST TROP. ILS ACCEPTENT TROP.
SI *TOI*, TU ARRÊTAIS DE BOUGER ? ÇA IRAIT AUSSI VITE AVEC TOI.
BZT
QUOI EN-CORE ?
POOM
Betty Brant
Salut, Pete. J.J.J. a les nerfs parce qu'il n'a pas de scoop pour lundi. Tu ne lui as rien sorti depuis des mois, il paraît.
Je voulais juste te prévenir pour que tu ne sois pas surpris quand il te démolira.

GRÂCE À CET APPAREIL, JE PEUX RESTER LE LÉZARD TOUT LE TEMPS. ADIEU, CONNORS !
BEN, OUI, JE M'EN DOUTAIS. TU CROIS QUE JE SUIS VENU POUR M'AMUSER ?
QU'EST-CE QUI EST PIRE ? UN LÉZARD OU UN JONAH FURIEUX ?
WHUMP
J'ai du lourd. Je t'envoie ça. Merci.
TU NE M'ARRÊTERAS PAS ! PAS CETTE FOIS !
COMME TOUTES LES FOIS OÙ TU AS GAGNÉ ?
DIS "JE NE ME BROSSE PAS CHAQUE JOUR".

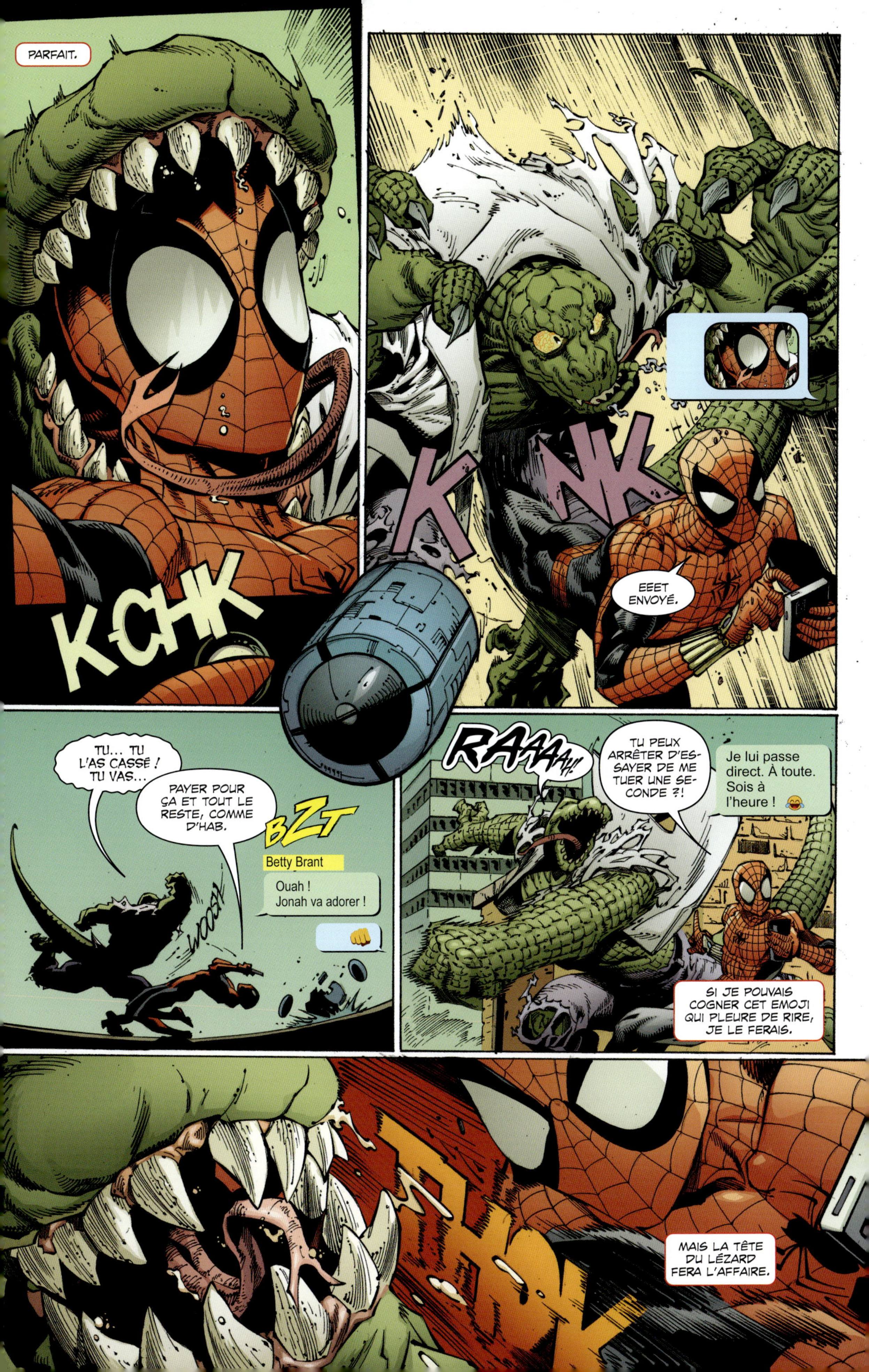
PARFAIT.
KCHK
KNK
EEET ENVOYÉ.
TU... TU L'AS CASSÉ ! TU VAS...
PAYER POUR ÇA ET TOUT LE RESTE, COMME D'HAB.
BZT
Betty Brant
Ouah ! Jonah va adorer !
WOOSH
RAAAAH!!
TU PEUX ARRÊTER D'ESSAYER DE ME TUER UNE SECONDE ?!
Je lui passe direct. À toute. Sois à l'heure !
SI JE POUVAIS COGNER CET EMOJI QUI PLEURE DE RIRE, JE LE FERAIS.
MAIS LA TÊTE DU LÉZARD FERA L'AFFAIRE.

OK, CONNORS. FINISSONS-EN. IL FAUT QUE J'Y...
BZT
NON, ÇA SUFFIT !
Tante May
Dîner à 18 h. Tu seras là à l'heure ? MAY
LES VIEILLES PERSONNES SIGNENT LEURS SMS. BIZARRE.
HÉ ?
MAIS RESPECT. ELLE UTILISE LES ÉMOJIS CORRECTEMENT. C'EST UN PAS ÉNORME !
J'y serai. Promis.
OÙ T'ES PASSÉ, SPIDER ?
BON, ON SE CONCENTRE. PLUS DE DISTRACTIONS.
DOOT-DOODLE OOT-DOO
Mary Jane Watson
ÇA DEVIENT DÉBILE.
SPOOM
AH, TE VOILÀ !
SPAK

DESCENDS DE LÀ !
SKLUNCH
DOOT DOODLE OOT DOO
J'ARRIVE, LÉZARD. JE DOIS RÉPONDRE.
DOOT DOODLE-
PARKER INDUSTRIES, QUI DEMANDEZ-VOUS ?
TRÈS DRÔLE, PETER.
TOUT MOI. UN PROBLÈME ?
THAP
JUSTE POUR TE RAPPELER : IL TE RESTE UNE HEURE AVANT LE DÎNER.
OUI, ON M'A DÉJÀ PRÉVENU. PLUSIEURS FOIS.
JE N'EN AI PAS FINI AVEC TOI, SPIDER-MAN !
HAN ! PETER, TU TE BATS TOUT EN ME PARLANT AU TÉLÉPHONE... ENCORE ?!
QUOI ? NON...
GRAAAAAAH !
EUH, SI.
OH, PETER...
MAIS ÇA VA ALLER, TU SAIS. JE SUIS UN PRO. GENRE...
HOP

NON, JE NE SAIS PAS ! PERSONNE NE SAIT, MÊME PAS TOI. C'EST ÉGOÏSTE DE CROIRE LE CONTRAIRE !
=SIGH= PETER... SOIS À L...
CHOMP
SALE MONSTRE !
WUNCH
TU RÉALISES CE QUE TU AS FAIT ? JE N'AI PAS LA GARANTIE STARK !
SPOOM
C'ÉTAIT UN PLAISIR, CURT. PARDON DE TE LAISSER TOMBER, MAIS ON M'ATTEND !

J'AI RÉUSSI ? J'AI L'IMPRESSION QUE J'AI...
EN RETARD.
ENCORE RATÉ.
DE BEAUCOUP ? JE SERAIS VENU AVANT, MAIS ON A BOUFFÉ MON GPS.
PAS TROP. DEUX MINUTES.
TIENS. J'AI ACHETÉ LE DERNIER. RÉCUPÈRE MON VIEUX.
TU ES GÉNIALE.
JE SAIS.
PROMETS DE NE PAS T'EN SERVIR EN TE BATTANT. C'EST DANGEREUX.
PROMIS.
EN PLUS, IL N'A PAS LA GARANTIE STARK.

CINQ MINUTES DE RETARD. PAS MAL !
ON VA EXPLOSER LES VENTES DEMAIN.
OUAH. LE LÉZARD ?
ÇA FAIT UNE HEURE D'AVANCE CHEZ PARKER !
JE VAIS RÉGLER LA QUESTION DE L'EFFICACITÉ, JURÉ.
VENEZ. UNE PHOTO EN SOUVENIR DU JOUR OÙ PETER PARKER N'A EU QUE CINQ MINUTES DE RETARD.
MAIS D'ICI LÀ...
DITES "ON EST LE MEILLEUR GROUPE DE SOUTIEN AU MONDE".
... JE REMERCIE TOUS CEUX QUI SONT À MES CÔTÉS AU QUOTIDIEN.

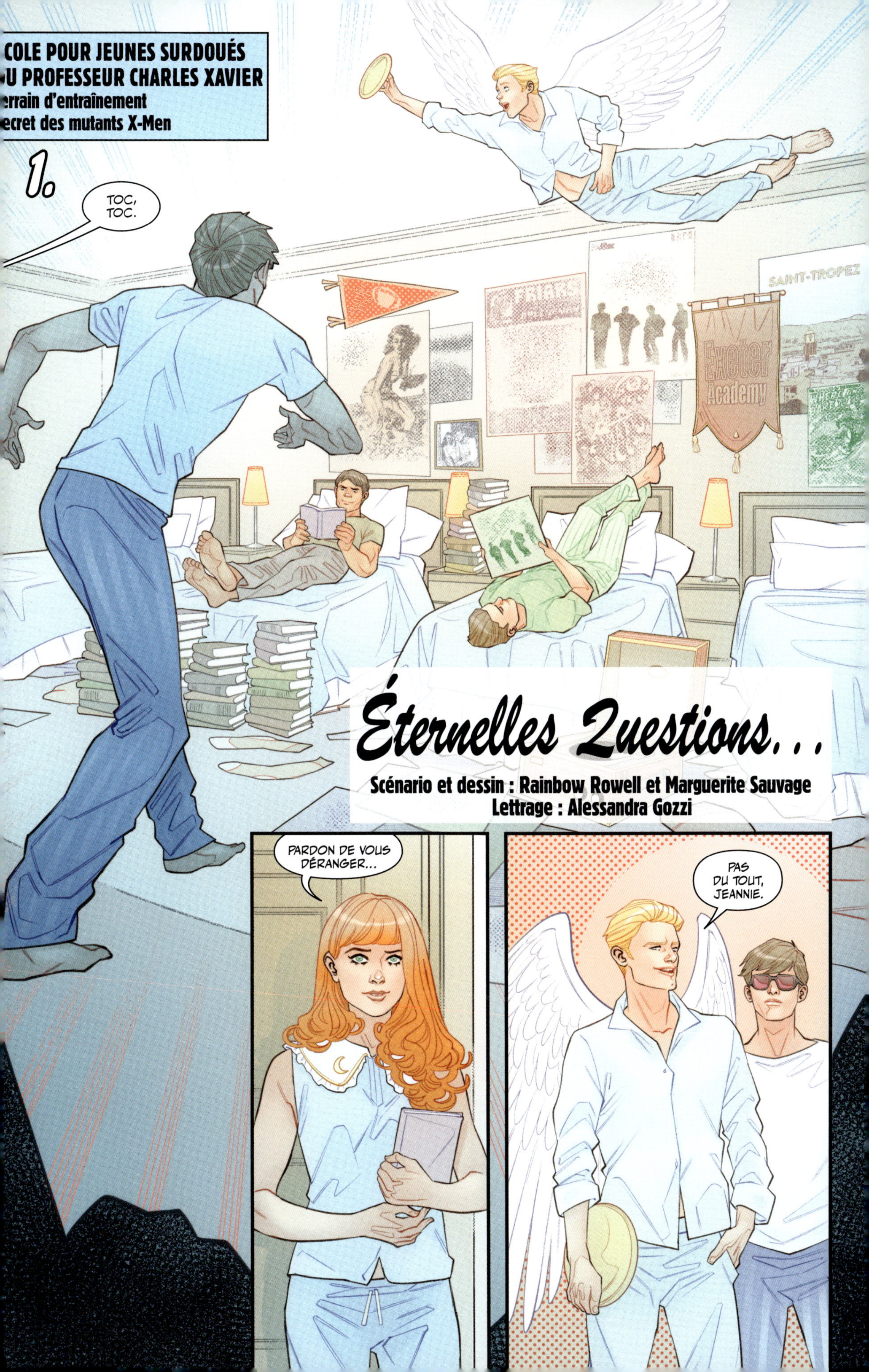
COLE POUR JEUNES SURDOUÉS
U PROFESSEUR CHARLES XAVIER
rrain d'entraînement
ecret des mutants X-Men
1.
TOC, TOC.
SAINT-TROPEZ
FRIARS
Exeter Academy
Éternelles Questions...
Scénario et dessin : Rainbow Rowell et Marguerite Sauvage
Lettrage : Alessandra Gozzi
PARDON DE VOUS DÉRANGER...
PAS DU TOUT, JEANNIE.

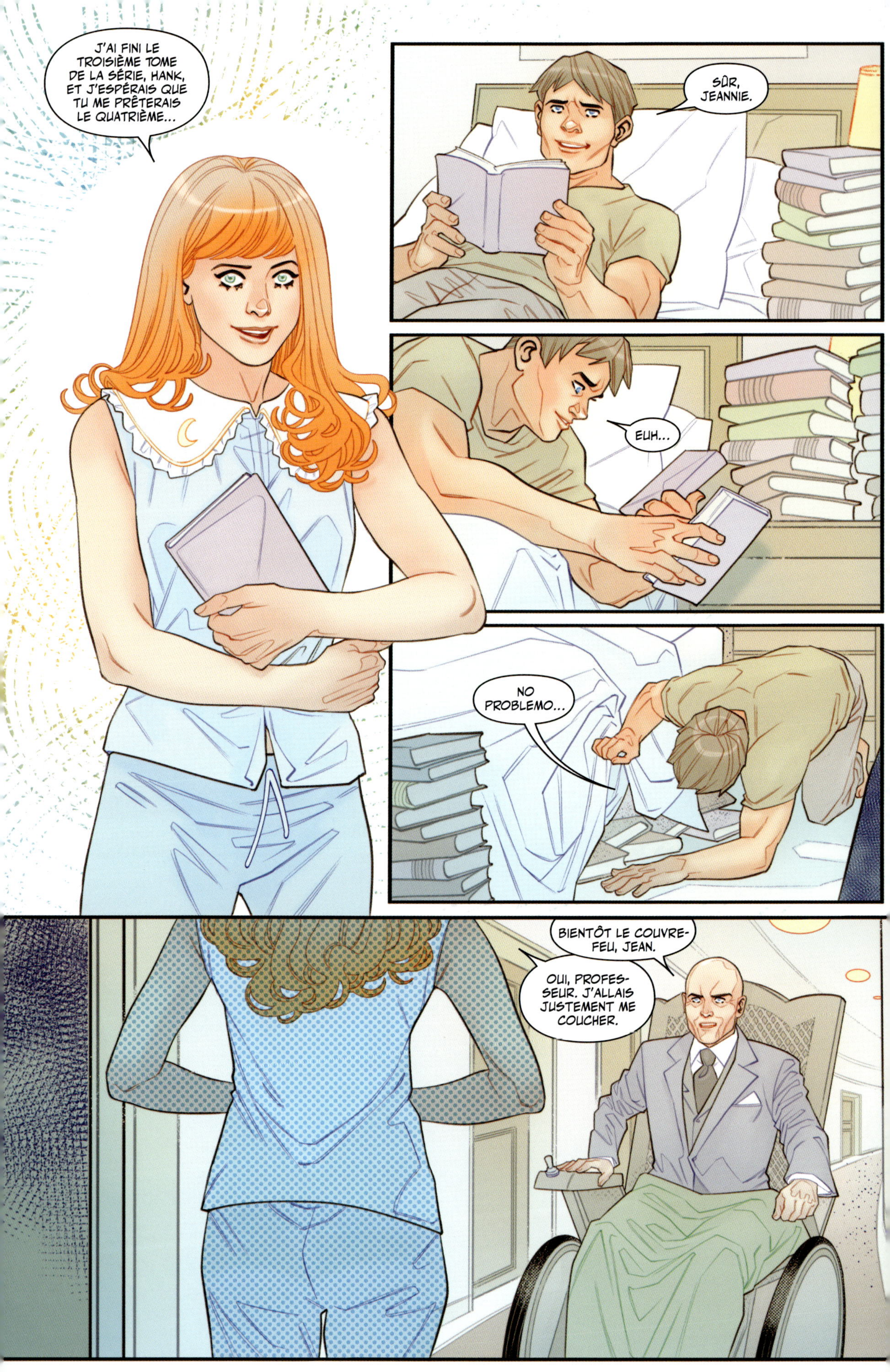
J'AI FINI LE TROISIÈME TOME DE LA SÉRIE, HANK, ET J'ESPÉRAIS QUE TU ME PRÊTERAIS LE QUATRIÈME...
SÛR, JEANNIE.
EUH...
NO PROBLEMO...
BIENTÔT LE COUVRE-FEU, JEAN.
OUI, PROFES-SEUR. J'ALLAIS JUSTEMENT ME COUCHER.

BONNE NUIT, JEANNIE !
BONNE NUIT, JEAN !
DOUX RÊVES, BELLE JEAN !
KNOCK KNOCK

!?
SCOTT ?
HANK A TROUVÉ LE TOME 4.
MERCI... MAIS, C'EST LE COUVRE-FEU. ET SI LE PROFESSEUR T'ATTRAPE ?
QUOI ? IL VA M'ENVOYER DANS MA CHAMBRE ? M'INTERDIRE D'AFFRONTER MAGNÉTO ?
JE NE VOULAIS PAS QUE TU ATTENDES.
BEN... MERCI.
BONNE NUIT, JEAN.
BONNE NUIT, SCOTT.
OH ! HANK DÉCONSEILLE DE LIRE LE CHAPITRE 8 AVANT DE DORMIR. CAUCHEMARS GARANTIS.
ÇA VA, JE SURVIVRAI.
OUI, JE SAIS.

2.
TU PASSERAS JAMAIS, SUMMERS. JE SUIS L'AIR INCARNÉ !

LÂCHE TON BOUQUIN, MISS. J'AURAIS BESOIN D'UNE POM-POM GIRL.
VOUS VOUS DÉBROUIL-LEZ BIEN SANS MOI.
TU LIS QUOI ?
WOUMP
DES THÉORIES DU PROFESSEUR SUR LA TÉLÉKINÉSIE.
ÇA A L'AIR INTÉRESSANT.
HA HA !
NON, TU RI-GOLES ?
OUI. JE RIGOLE.

MAIS JE DOIS ÉTUDIER. IL VA M'INTERROGER APRÈS.
JE VAIS T'AIDER. C'EST BIEN D'APPRENDRE ÇA POUR UN CHEF DE GROUPE.
TU NE PRÉFÈRES PAS JOUER AU BASKET ?
AVEC CES TRICHEURS ? NAN.
TOI AUSSI, TU PEUX TRICHER.
COMMENT ? EN PULVÉRISANT LE BALLON ? OU BOBBY ?
QUAND JE TRICHE, ÇA DÉGÉNÈRE.
ALORS, J'ACCEPTE TA COMPAGNIE, SI TU TE PROPOSES.
JE ME PROPOSE.
ET ANGEL MARQUE ! TU AS VU, JEANNIE ? UN PANIER PRESQUE AUSSI BEAU QUE TOI !

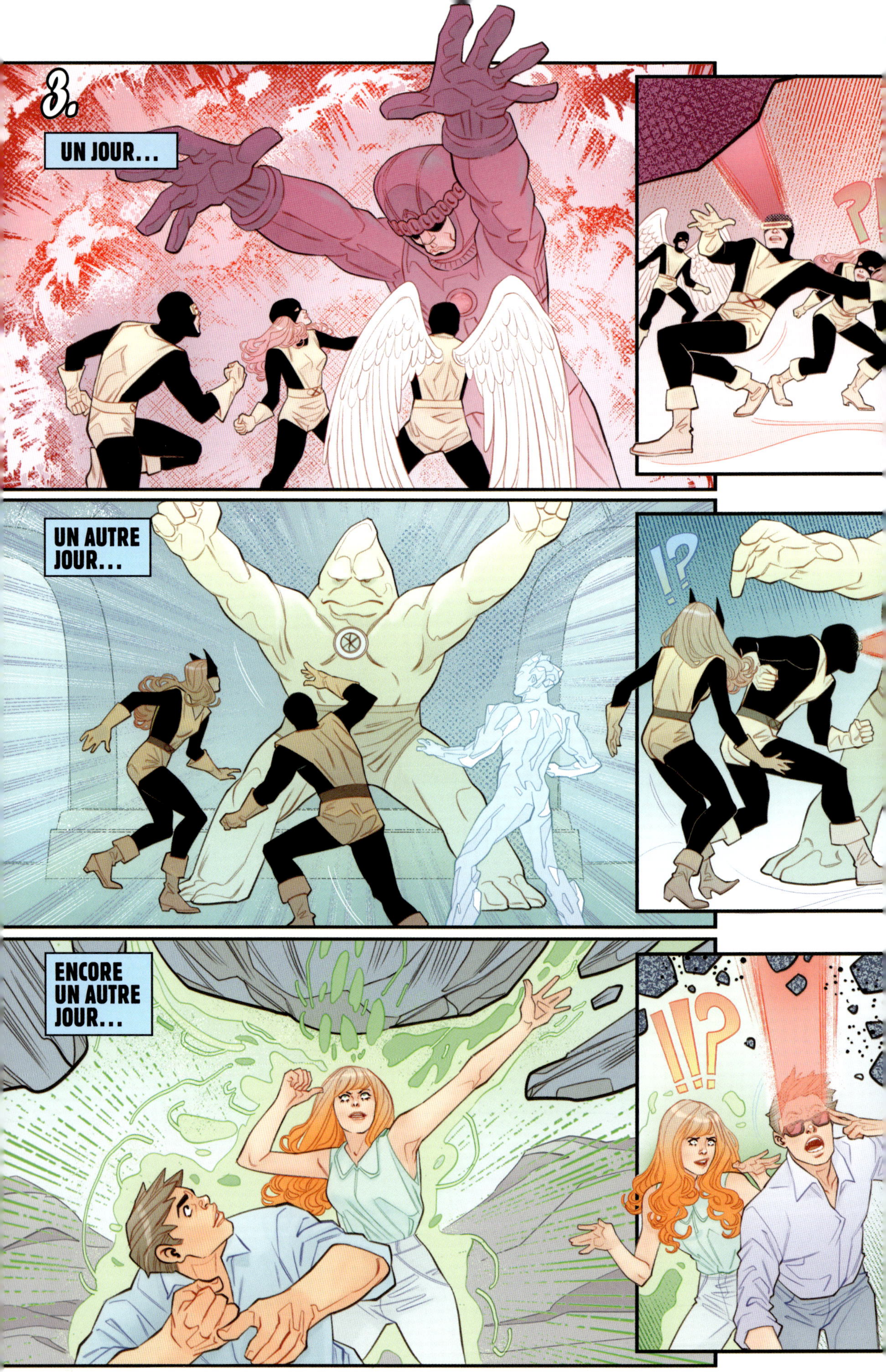
3.
UN JOUR...
UN AUTRE JOUR...
!?
ENCORE UN AUTRE JOUR...
!!?

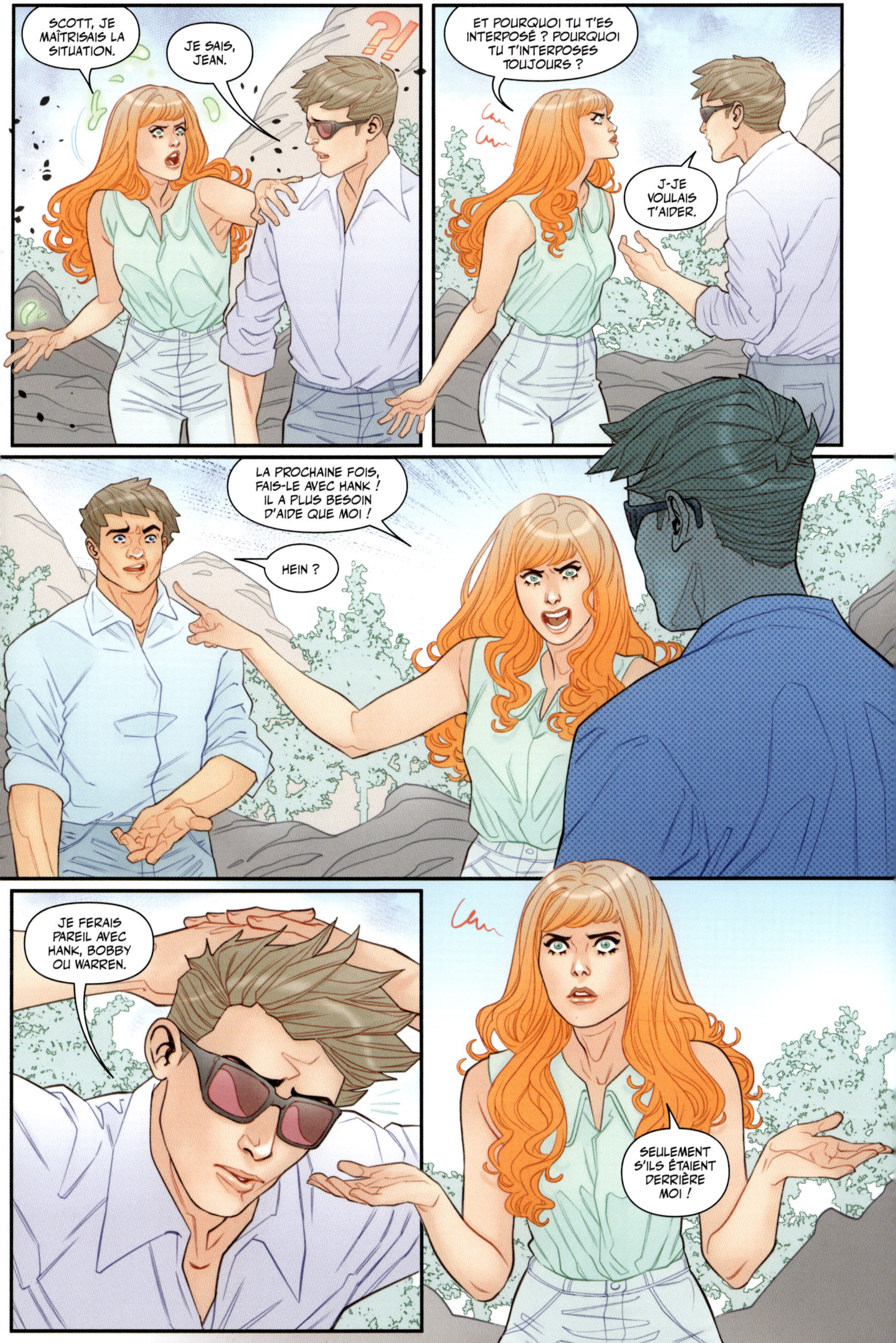

SCOTT, JE MAÎTRISAIS LA SITUATION.
JE SAIS, JEAN.
?!
ET POURQUOI TU T'ES INTERPOSÉ ? POURQUOI TU T'INTERPOSES TOUJOURS ?
J-JE VOULAIS T'AIDER.
LA PROCHAINE FOIS, FAIS-LE AVEC HANK ! IL A PLUS BESOIN D'AIDE QUE MOI !
HEIN ?
JE FERAIS PAREIL AVEC HANK, BOBBY OU WARREN.
SEULEMENT S'ILS ÉTAIENT DERRIÈRE MOI !

JE DOIS ARRÊTER DE TE PROTÉGER ?
JE T'AI SAUVÉ LA VIE DES DIZAINES DE FOIS.
ET MOI LA TIENNE !
OUI, JE SAIS, JEAN.
JE...
NAVRÉE, HANK. JE NE VOULAIS PAS TE MÊLER À ÇA.
C'EST RIEN, JEANNIE.

C'EST UN CHEVALIER SERVANT.
IL PROTÈGE N'IMPORTE QUELLE DEMOISELLE EN DÉTRESSE. SCOTT NE VOIT EN MOI QU'UNE FILLE FRAGILE.
LES DÉTERMINANTS SONT DES MOTS INTÉRESSANTS. TOUT, LA, UNE, DES...
=SIGH=
LA TERRE À HANK.
JE RÉFLÉCHIS AUX ALTERNATIVES.
TU N'ES PAS ***N'IMPORTE QUELLE*** FILLE, MAIS TU ES ***UNE*** FILLE. ET, POUR NOTRE LEADER STOÏQUE, TU ES PEUT-ÊTRE ***LA*** FILLE.
!?
MARVEL GIRL ! FAUVE ! ON A BESOIN DE VOUS !

UN AUTRE JOUR...
MERCI, JEAN.
DÉSOLÉE, HANK.
T'INQUIÈTE, JEANNIE. TU T'ES JUSTE MONTRÉE CHEVALERESQUE.

HUIT JOURS DE VACANCES ! SI ON NOUS CHERCHE, ON EST AU COFFEE-A-GO-GO !
MOI, NE ME CHERCHE PAS !
TU SAIS TOUJOURS QUAND JE ME SENS SEULE.
MES POUVOIRS MUTANTS.
TU AS PLEURÉ ?
UN PEU.
PARLE-MOI, JEAN.

TU TE DIS QUE ÇA NE SUFFIRA PAS ?
QU'IL Y AURA TOUJOURS UN NOUVEAU CRIMINEL MUTANT ET QUE, QUOI QUE FASSENT LES X-MEN, ÇA NE SUFFIRA JAMAIS ?
NON.
MOI, JE NE SUFFIRAI PAS.
MAIS J'AI ENTIÈREMENT CONFIANCE DANS LES X-MEN. J'AI ENTIÈREMENT CONFIANCE EN TOI, JEAN.
TU DEVIENS PLUS FORTE, PLUS DOUÉE...
JE PARIERAI TOUJOURS SUR MARVEL GIRL.
ON VA AU CINÉ AVANT QU'UN AUTRE SALE MUTANT DÉBARQUE ?
OK. ON RÉUSSIRA PEUT-ÊTRE À VOIR DEUX FILMS.
FIN

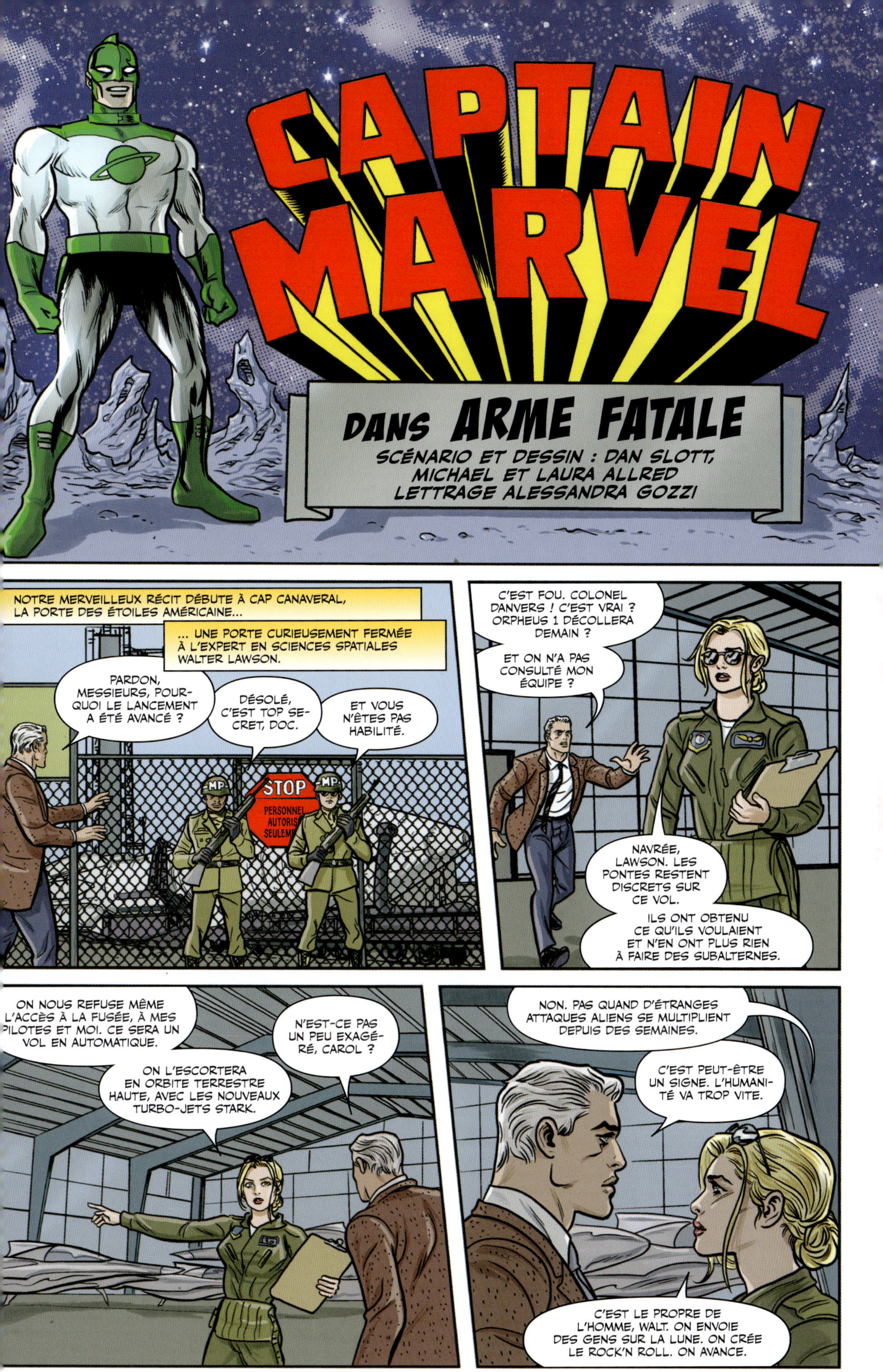
CAPTAIN MARVEL
DANS ARME FATALE
SCÉNARIO ET DESSIN : DAN SLOTT, MICHAEL ET LAURA ALLRED
LETTRAGE ALESSANDRA GOZZI
NOTRE MERVEILLEUX RÉCIT DÉBUTE À CAP CANAVERAL, LA PORTE DES ÉTOILES AMÉRICAINE...
... UNE PORTE CURIEUSEMENT FERMÉE À L'EXPERT EN SCIENCES SPATIALES WALTER LAWSON.
PARDON, MESSIEURS, POURQUOI LE LANCEMENT A ÉTÉ AVANCÉ ?
DÉSOLÉ, C'EST TOP SECRET, DOC.
ET VOUS N'ÊTES PAS HABILITÉ.
STOP
C'EST FOU. COLONEL DANVERS ! C'EST VRAI ? ORPHEUS 1 DÉCOLLERA DEMAIN ?
ET ON N'A PAS CONSULTÉ MON ÉQUIPE ?
NAVRÉE, LAWSON. LES PONTES RESTENT DISCRETS SUR CE VOL.
ILS ONT OBTENU CE QU'ILS VOULAIENT ET N'EN ONT PLUS RIEN À FAIRE DES SUBALTERNES.
ON NOUS REFUSE MÊME L'ACCÈS À LA FUSÉE, À MES PILOTES ET MOI. CE SERA UN VOL EN AUTOMATIQUE.
ON L'ESCORTERA EN ORBITE TERRESTRE HAUTE, AVEC LES NOUVEAUX TURBO-JETS STARK.
N'EST-CE PAS UN PEU EXAGÉRÉ, CAROL ?
NON. PAS QUAND D'ÉTRANGES ATTAQUES ALIENS SE MULTIPLIENT DEPUIS DES SEMAINES.
C'EST PEUT-ÊTRE UN SIGNE. L'HUMANITÉ VA TROP VITE.
C'EST LE PROPRE DE L'HOMME, WALT. ON ENVOIE DES GENS SUR LA LUNE. ON CRÉE LE ROCK'N ROLL. ON AVANCE.

PLUS TARD, DANS SES APPARTEMENTS PRIVÉS, LE PRÉTENDU "WALTER LAWSON" ENDOSSE SA VRAIE IDENTITÉ.
LE PERSONNEL DE CAP CANAVERAL A BIEN FAIT DE RENFORCER LES MESURES DE SÉCURITÉ.
CET HOMME EST, EN FAIT, CAPTAIN MAR-VELL, UN ESPION ALIEN AU SERVICE DE L'EMPIRE GALACTIQUE KREE.
ORDINATEUR, ALLUME L'ÉCRAN ET CONTACTE MON SUPÉRIEUR, LE COLONEL YON-ROGG.
ALORS, MAR-VELL, AS-TU ENFIN DÉCOUVERT CE QUE PRÉPARENT LES TERRIENS ?
QUELLE EST CETTE "ARME SECRÈTE" ?
MALHEUREUSEMENT, J'IGNORE TOUJOURS CE QUE TRANSPORTERA ORPHEUS 1. MAIS JE VOUS ASSURE...
... QUE CES PRIMITIFS NE PEUVENT RIEN CONCEVOIR QUI SOIT CAPABLE DE MENACER L'EMPIRE.
AH NON, CAPTAIN ? JE TE PASSE L'INTELLIGENCE SUPRÊME.
VOYONS SI ELLE PARTAGE TON OPINION.
À TON AVIS, MAR-VELL, ON DEVRAIT SE MOQUER DE CE LANCEMENT ?
OUI, SUPREMOR. LEUR TECHNOLOGIE, LEUR CULTURE, LEUR NATURE MÊME NOUS SONT INFÉRIEURES.
ILS SONT INSIGNIFIANTS. INOFFENSIFS.
"INOFFENSIFS", VRAIMENT ?!

GRÂCE AU GÉNIE UNIQUE DE REED RICHARDS ET TONY STARK...
... LES TERRIENS ATTEIGNENT LES SOMMETS DE LA SUPER-SCIENCE.
CES SUPPOSÉS "ÊTRES INFÉRIEURS" MAÎTRISENT LES ARTS MYSTIQUES...
... ET S'ALLIENT À DES DIEUX DE L'ANTIQUITÉ.
LEUR ESPÈCE DOMINANTE ÉVOLUE À PAS DE GÉANT...
... ENGENDRANT DES FORMES PLUS DANGEREUSES.
ET, COMME SI CELA NE SUFFISAIT PAS, LES PLUS FAIBLES D'ENTRE EUX...
... S'EXPOSENT À DE MYSTÉRIEUSES RADIATIONS QUI LES DOTENT D'INCROYABLES POUVOIRS.
TU N'AS PAS LE CHOIX, MAR-VELL. AU RISQUE DE LEUR RÉVÉLER TA VÉRITABLE NATURE...
... TU DOIS EMPÊCHER CE LANCEMENT, AVANT QUE LES TERRIENS N'ACTIVENT LEUR NOUVELLE ARME SECRÈTE.

LE LENDEMAIN, ORPHEUS 1 ENTAME SON PREMIER VOYAGE.
ET L'ÉVÉNEMENT QUE LES KREES REDOUTENT EST SALUÉ PAR LES HOURRAS DES SPECTATEURS...
C'EST PARTI !
... ET L'ÉTONNANTE ESCORTE AÉRIENNE DE L'ESCADRON DU COLONEL CAROL DANVERS...
... DÉPLOYÉ EN FORMATION SERRÉE LE LONG DE LA PUISSANTE FUSÉE.
GARDEZ LE CAP ET SURVEILLEZ TOUTE ANOMALIE SUSPECTE.
D'ACCORD, COLONEL. HÉ, REGARDEZ !
ÇA JAILLIT DU SOLEIL !
TROP PETIT POUR UN APPAREIL.
UN *HOMME*. PAS N'IMPORTE LEQUEL.

CAPTAIN MARVEL ?!
SKASHH
UNIQUE AVERTISSEMENT, AGENTS ENNE-MIS !
QUITTEZ L'ESPACE AÉRIEN DE LA FUSÉE DE LA NASA. ELLE EST DÉ-SORMAIS SOUS *MA* PROTECTION.
J'AI SAUTÉ À TEMPS !
COLONEL, CAP EST EN PLEIN DÉLIRE ! IL N'EST PAS DE NOTRE CÔTÉ ?
MARV NE RECONNAÎT PAS NOTRE FLOTTE.
IL CROIT QU'ON VEUT ABATTRE ORPHEUS 1.
IMPOSSIBLE DE LUI RÉPONDRE SUR NOS CANAUX.
ON EST OBLIGÉS DE RIPOSTER.
BRRATT
ZZZAK
TRÈS BIEN. QUOI QU'IL ARRIVE, CE SERA...

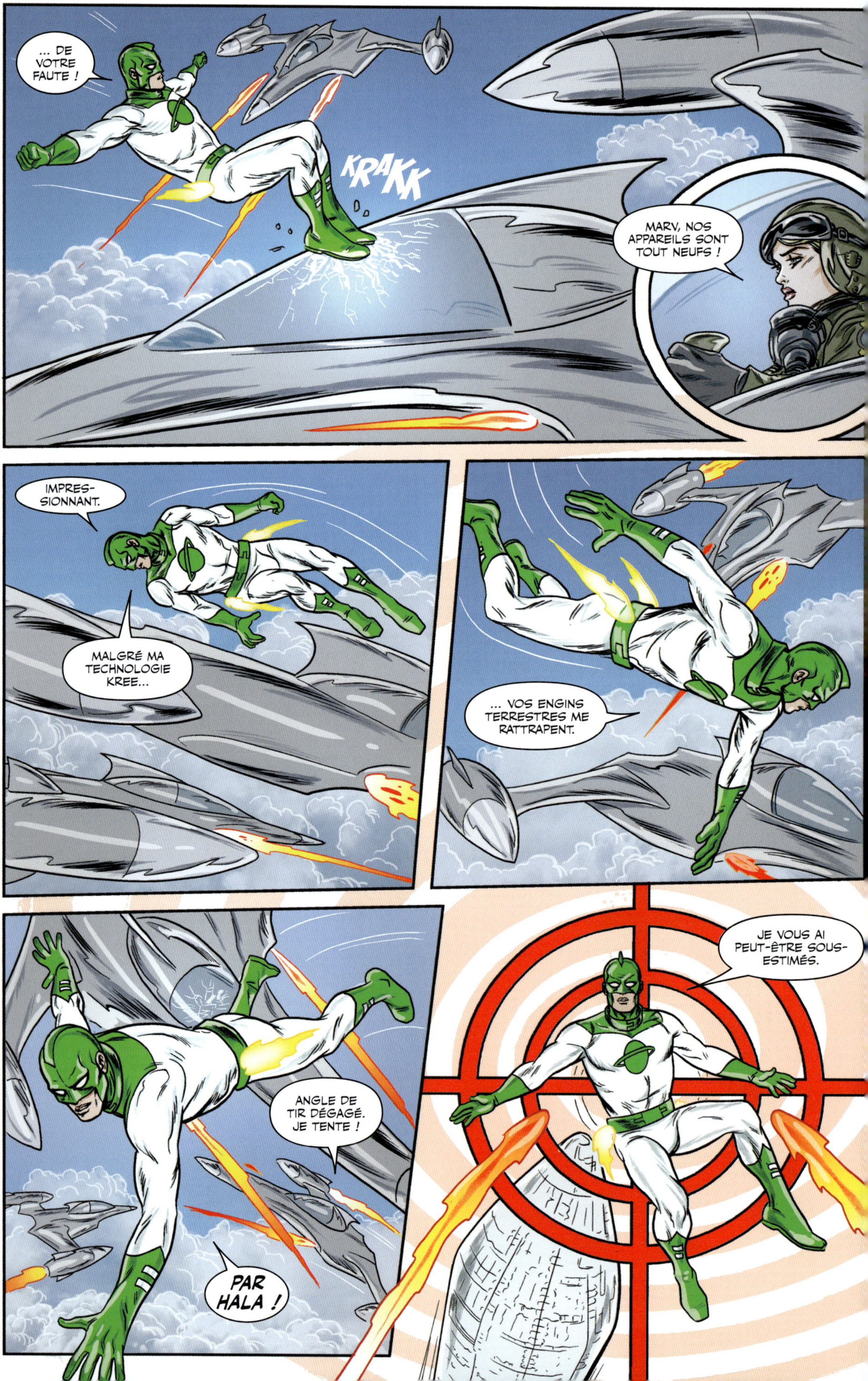
... DE VOTRE FAUTE !
KRAKK
MARV, NOS APPAREILS SONT TOUT NEUFS !
IMPRES-SIONNANT.
MALGRÉ MA TECHNOLOGIE KREE...
... VOS ENGINS TERRESTRES ME RATTRAPENT.
ANGLE DE TIR DÉGAGÉ. JE TENTE !
PAR HALA !
JE VOUS AI PEUT-ÊTRE SOUS-ESTIMÉS.

KRA-
KA-
NON ! ORPHEUS 1 !
QUEL IMBÉCILE ! POURQUOI JE ME SUIS DÉCALÉ ?!
TOOM

SA PRÉCIEUSE CARGAISON... PERDUE.
LA FUSÉE PIQUE VERS LA TERRE...
... ET LES SPECTATEURS !
CE SONT DES CIVILS INNOCENTS, PAS DES SOLDATS.
JE NE PEUX PAS LES LAISSER MOURIR.
NNH !
AVEC L'ARME TERRESTRE À SON BORD...
... QUI SAIT QUELS DÉGÂTS ELLE OCCASIONNERAIT ?!
JE DOIS FAIRE LE MAXIMUM POUR LES SAUVER... *QUOI QU'IL EN COÛTE !*
MM. LA CHARGE EST INERTE, APPAREMMENT.
COLONEL DANVERS, VOUS DEVRIEZ RESTER À L'ÉCART JUSQU'À CE QUE LE DANGER SOIT ÉCARTÉ.
LE "DANGER" ? SAIS-TU SEULEMENT CE QU'IL Y AVAIT DANS LA FUSÉE, MARV ?
NON. QUOI ?

COLONEL YON-ROGG, JE CONNAIS LA NATURE DE LA CARGAISON D'ORPHEUS 1.
C'ÉTAIT QUOI ?
DE LA MUSIQUE, DES RÉCITS HISTORIQUES... UN APERÇU DE LEUR CULTURE...
... ENVOYÉS DANS L'UNIVERS EN CADEAU À QUI L'AURAIT REÇU.
UN MESSAGE DANS UNE BOUTEILLE, DE PAIX ET D'AMITIÉ, POUR DES PEUPLES DE L'ESPACE.
HA HA HA ! C'EST DONC L'ARME SECRÈTE DONT S'INQUIÉTAIT SUPREMOR ?
SI C'EST CE QUE MIJOTENT LES TERRIENS...
... IL EST TEMPS D'ENVAHIR LA PLANÈTE, LES KREES VONT LES ÉCRASER !
DING-DONG
COLONEL, JE DOIS INTERROMPRE.
J'AI DE LA VISITE.
COLONEL DANVERS ? QU'EST-CE QUI VOUS AMÈNE ?
BONJOUR, WALTER. VOUS M'INTERROGIEZ SUR ORPHEUS 1...
CE N'EST PLUS UN SECRET. ÇA VOUS DIRAIT PEUT-ÊTRE D'ENTENDRE CERTAINS DES MESSAGES DESTINÉS À L'ESPACE.
VOICI MA CONTRIBUTION. UN LARGE ÉVENTAIL DES PLUS BELLES ŒUVRES DE L'HUMANITÉ, SELON MOI. N'HÉSITEZ PAS À AJOUTER DES MORCEAUX.

QUAND JE PENSE QUE J'AI FAILLI SACRIFIER MA MISSION POUR ÇA...
... DES RYTHMES SAUVAGES. BAH...
... JE VAIS ÉCOUTER...
JE N'AI JAMAIS ENTENDU UNE MUSIQUE PAREILLE.
RIEN SUR KREE-LAR N'ÉGALE CETTE BEAUTÉ PURE.
QUELS AUTRES MIRACLES CACHE ENCORE CE MONDE ?
PLUS TARD, LE SOLDAT KREE SOLITAIRE ALLAIT COMMENCER UNE VIE DE COMPAGNONNAGE AVEC CETTE PLANÈTE PRIMITIVE...
... ET DEVENIR LE HÉROS QU'IL PRÉTENDAIT ÊTRE. FINALEMENT, LA TERRE AVAIT DÛ TROUVER SON ARME FATALE.

VOILÀ CE QUE JE FAIS.
SURTENSION
Scénario Armando Iannucci
Dessin Adam Kubert
Couleurs Frank Martin
Lettrage Alessandra Gozzi

PAS TRÈS SYMPA.
J'AVOUE.
JE PEUX PRENDRE UN COUP.
C'EST LE MÉTIER.
T'AS UN PROBLÈME, DAREDEVIL ? TU NOUS COINCERAS PAS TOUS.
C'EST UN DÉLUGE SENSORIEL AMBULANT.

MAIS JE M'EN SORS.
GRAB!
ENFANT, J'AI PERDU LA VUE PAR ACCIDENT, MAIS MES AUTRES SENS EN SONT DEVENUS SURAIGUISÉS.
TU ME FAIS PAS PEUR !
AAARGH!
LE POULS DU TYPE BAT DIX FOIS PLUS FORT, ET SA SUEUR COULE CINQ FOIS PLUS VITE QUE LA NORMALE.
TU VEUX QUE JE T'ATTENDE, MM ?
JE TE PLAINS, VIEUX.
JE ME BARRE. BONNE SIESTE.

JE VOIS UN SPÉCIALISTE.
MATT MURDOCK !
Bureau des infirmières
EEE
HAWWNAC
ÇA NE DURERA QUE QUELQUES MINUTES.
PIZZA
UN MOT SUR NOTRE CAMPAGNE D'ALPHABÉTISATION ?

JE CONNAIS CETTE ODEUR.
Bureau des infirmières
CE SONT DES ACOUPHÈNES, M. MURDOCK. ÇA ARRIVE EN VIEILLISSANT.
MAIS J'AI UNE AUDITION PARFAITE. J'ENTENDS TRÈS BIEN.
C'EST LE CERVEAU, PAS L'OUÏE. IL REÇOIT DES SIGNAUX NERVEUX QU'IL ASSIMILE À DES SONS. IL PANIQUE ET PREND ÇA POUR DES ALERTES.
CROYEZ-MOI, JE SUIS UN DES MEILLEURS AUDIOLOGISTES.
KEEEEHH
"VOUS AP-PRENDREZ À VIVRE AVEC."
MOI, VIVRE AVEC ? VOUS ÊTES MALADE !
HÉ, ATTEN-TION !
C'EST RÉEL. TRISTEMENT RÉEL.

JE NE LE RECONNAIS PAS, MAÎTRE.
REGARDEZ BIEN ET... EUH... SINCÈREMENT... EUH...
C'EST COMME SI ON RENVERSAIT UNE BENNE PLEINE DE BRUITS DANS MA TÊTE. C'EST HORRIBLE, FOGGY.
TU ANALYSES PEUT-ÊTRE TROP, MATT.
UNE AUTRE BOUTEILLE.
BIEN SÛR. CADEAU DE LA MAISON, POUR DAREDEVIL.
JE NE...
... QUAND QUELQU'UN MENT.
TU ME FAIS PAS PEUR.
ÇA NE DURERA QU'UNE MINUTE.
JE NE LE RECONNAIS PAS.
JE SUIS UN DES MEILLEURS AUDIOLOGISTES.
JE TE PLAINS, VIEUX.
LE MÉDECIN A DÛ M'IMPLANTER UNE PUCE QUI ME PARALYSE QUAND ON MENT. J'AI VU UN GARS DU CAÏD DANS LA SALLE D'ATTENTE.

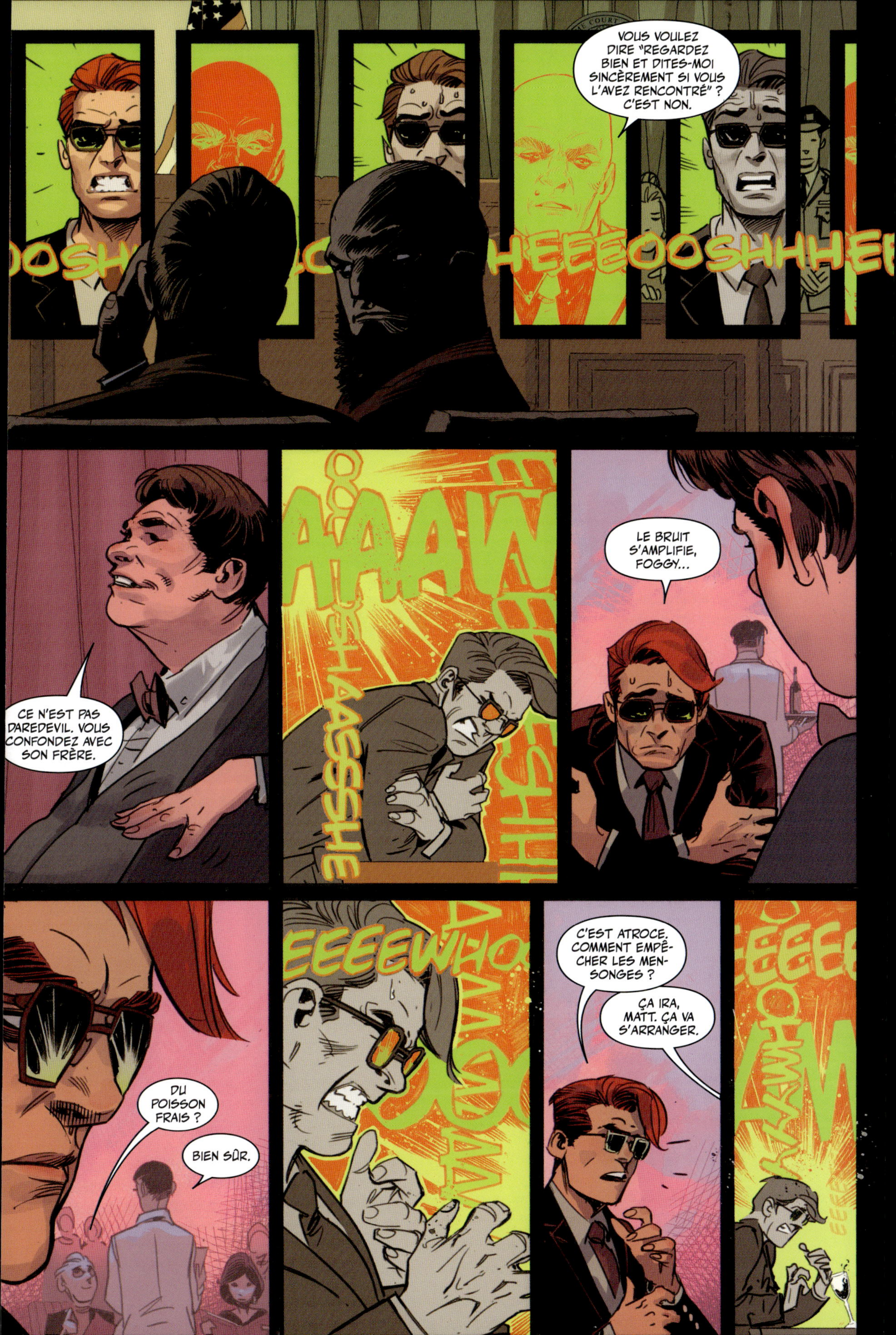
VOUS VOULEZ DIRE "REGARDEZ BIEN ET DITES-MOI SINCÈREMENT SI VOUS L'AVEZ RENCONTRÉ" ? C'EST NON.
OOSHHHEEEEOOSHHHE
CE N'EST PAS DAREDEVIL. VOUS CONFONDEZ AVEC SON FRÈRE.
AAAW
LE BRUIT S'AMPLIFIE, FOGGY...
DU POISSON FRAIS ?
BIEN SÛR.
EEEEEWHO
C'EST ATROCE. COMMENT EMPÊCHER LES MENSONGES ?
ÇA IRA, MATT. ÇA VA S'ARRANGER.

ARRÊTE DE ME MENTIR !
TOUT VA BIEN ?
OUI.
ET...
PARDON POUR LE FRACAS.
QU...
VOUS ÊTES DE MÈCHE AVEC LE CAÏD !
NON, JE SUIS L AUDIOLOGIST
PAS DE BRUIT. IL DOIT DIRE LA VÉRITÉ.

JE VAIS DEMANDER UN SECOND AVIS À CE MÉDECIN.
ALORS, L'ENTRETIEN D'EMBAUCHE ?
SUPER. EUH... ON ACHÈTE DU LAIT ?
ARRREE
VOUS MENTEZ ! UN DES SBIRES DU CAÏD ÉTAIT LÀ HIER. UN TYPE AVEC UNE TÊTE D'ABRUTI.
OH, LUI. LAWRENCE. C'EST JUSTE UN PATIENT. JE TRAITE SA PERTE D'AUDITION.
C'EST UN BRAQUEUR PROFESSIONNEL !
AH. ÇA EXPLIQUE TOUT. IL TRAVAILLE DANS UN MILIEU BRUYANT.
VOUS M'AVEZ IMPLANTÉ UN TRUC DANS L'OREILLE POUR ME BLOQUER !
NON.
VOUS DEVEZ STOPPER CE BRUIT. ÇA ME REND FOU !
SEUL LE PATIENT LE PEUT. DÉSTRESSER. C'EST LE REMÈDE. PLUS ON EST SEREIN, MOINS ON A D'ACOUPHÈNES.
CE SERA LONG. MAIS IL FAUT SE DIRE QUE CE N'EST PAS GRAVE.
MOI, JE N'Y PEUX RIEN. BONNE CHANCE.

VOILÀ QUI JE SUIS.
LA VIE ME DONNE DES COUPS.
TON CHEF, PAR OÙ IL EST PARTI ?
LE TUNNEL DE DROITE.
WOOO
TU MENS.
EWAAAG
MAIS J'EN RENDS AUSSI.
DONC, C'EST LE TUNNEL DE GAUCHE.
HÉ ! OUI, TOI !
C'EST LE MÉTIER.
BAP
WHAM
SMACK
AARGH !
MAIS JE M'EN SORS.
CRACK
FIN

LE SILVER SURFER
PARADIS SOURD
SCÉNARIO ET DESSIN STEVE McNIVEN
JE SUIS DÉJÀ VENU ICI. ENDROIT DIFFÉRENT MAIS MILIEU IDENTIQUE.
AIR GLACIAL. LES CENDRES. LA MORT.
LE MASSACRE, ÇA ME REND MALADE.

LE SILENCE EST EF-FRAYANT.
QUE LES TER-RIENS PUISSENT ENCORE S'INFLI-GER DE TELLES HORREURS...
POURQUOI ? QU'EST-CE QUI PEUT MOTIVER CETTE SAUVA-GERIE ?

TANT D'ESPOIRS ET DE RÊVES BROYÉS PAR LA TYRANNIE, LA CUPIDITÉ ET JETÉS DANS CE PUITS.
TU AS LE SOUFFLE COUPÉ. PAUVRE NORRIN. TE SERAIS-TU ÉGARÉ ?
TON CORPS ET TON ÂME SE-RAIENT-ILS EN CONFLIT ?

PUR ET ÉTINCELANT À L'EXTÉRIEUR.
ÉPUISÉ ET TRISTE, FLÉTRI ET MEURTRI À L'INTÉRIEUR.
DIS CE QUI TE CHANTE ET VA-T'EN, ESPRIT BANNI.
LAISSE-MOI PLEURER.
OH, NORRIN. TU ES BIEN PERDU. NE LES PLEURE PAS.
4

CE QUI TROU-BLAIT LEUR CŒUR A DISPARU. AUSSITÔT PUTRÉFIÉS, AUSSI-TÔT OUBLIÉS.
LEUR MASSACRE, UN TERRIBLE ACQUIS ÉCHANGÉ PAR LES SOLDATS CONTRE LA PROMESSE D'UN TYRAN.
SUR SON ORDRE, ILS ONT ENFREINT TOUTES LES RÈGLES.
COMMENT, TE DEMANDES-TU ? QUEL EST LE POUVOIR DE CE TYRAN ?
LE PIRE QU'UN TEL HOMME PUISSE DÉSIRER. TU SAIS CE QUE C'EST. ON LE VOIT AUTOUR DE NOUS.
5

NE TROUVES-TU PAS ÉTRANGE QUE JE SOIS LE SEUL À ME MONTRER FACE À CETTE CRUAUTÉ ABSURDE ?
OÙ EST LA LUMIÈRE QUI PROJETTE MON OMBRE ?
POURQUOI N'ÉCLAIRE-T-ELLE PAS CET ENDROIT ? L'APATHIE SERAIT-ELLE L'ARME DU TYRAN ?
6

OUI, TU SAIS QUE C'EST VRAI. LA MÊME APATHIE QUI PLACE LE COÛT DE LA LIBERTÉ...
... SOUS LES MURS ÉCROULÉS D'UNE MAI-SON ?
LA MÊME APATHIE QUI DÉTOURNE LE REGARD...
7

... DES INNOCENTS COMME DES COUPABLES ?
LE MOT ESPOIR N'APPARAÎT PAS DANS LE LIVRE DU DESTIN.
LAISSE CES TERRIENS SUIVRE LEUR CHEMIN... IL EST VAIN DE CROIRE QUE TU PEUX LES AIDER.
LES ORNIÈRES DE LEUR INFAMIE POUSSENT LA BOUSSOLE INTERNE DE CES TERRIENS DANS UNE SEULE DIRECTION.
LE NÉANT.

TU MENS BIEN, DÉMON.
MAIS IL Y A TOUJOURS DE L'ESPOIR.
MÊME SI L'APATHIE GAGNE CERTAINS HUMAINS, UN DÉSIR ARDENT EN ANIME D'AUTRES.
LE DÉSIR DE PAIX, D'UN MONDE MEILLEUR.
RÉPARE LES CHAÎNES QUI SOUMETTENT LES CUPIDES AUX CAPRICES DU TYRAN. JE FERAI TOUT POUR LES BRISER.

TU ES FOU, NORRIN RADD. ILS SONT SANS PITIÉ. UN JOUR...
... ILS SE RETOURNERONT CONTRE TOI.
UN JOUR, ILS SE RETOURNERONT PEUT-ÊTRE AUSSI CONTRE TOI.
FIN

MAMAN AVAIT DE LA FAMILLE DANS L'OHIO. ON Y ALLAIT UNE FOIS L'AN.
LA FILLE QUI HAIT LES SUPER-HÉROS
Scénario et dessin Jason Aaron et Pepe Larraz
Couleurs Alejandro Sanchez Lettrage Alessandra Gozzi
LES GAMINS LÀ-BAS, QUAND ILS APPRENAIENT QUE JE VENAIS DE NEW YORK, POSAIENT TOUJOURS LA MÊME QUESTION IDIOTE.
"TU VOIS BEAUCOUP DE SUPER-HÉROS ?"
OUAH. C'EST QUI ?
UN DE CES X-MEN BIZARRES ?
VA SAVOIR.
AUTANT DEMANDER SI ON CROISE DES RATS DANS LE MÉTRO.
ICI, ON VOIT DES SUPER-OUFS TOUT LE TEMPS. ILS INONDENT LE CIEL, INFESTENT LA VILLE.
ENFIN, SI ON EST UN DE CES CRÉTINS PENDUS AU TÉLÉPHONE, LE NEZ EN L'AIR, DANS L'ESPOIR D'APERCEVOIR SON AVENGER PRÉFÉRÉ.
JE M'EN TAPE DES AVENGERS. DES X-MEN AUSSI. J'EN AI RIEN À FAIRE.
MAMAN EST MORTE.
JE M'APPELLE JYL TALLEY. J'AI 17 ANS.
ET JE HAIS LES SUPER-HÉROS.

ON FAIT COMME SI LE MOINDRE IDIOT QUI SAIT VOLER ÉTAIT UN SAINT QU'ON DOIT IDOLÂTRER.
MOI, JE NE VOIS QUE DES IMBÉCILES MÉGA-RICHES AVEC LEURS MANOIRS, LEURS ÎLES PRIVÉES ET LEURS COMMUNAUTÉS PROTÉGÉES SUR LA LUNE.
AUCUN NE SAIT CE QUE C'EST QUE D'AVOIR DEUX BOULOTS ET DE GRANDIR EN FOYER AVEC 25 AUTRES ORPHELINS.
DE SE FAIRE HARCELER À L'ÉCOLE. HUMILIER.
LES SUPER-HÉROS NE SAVENT PAS CE QUE C'EST QUE D'ÊTRE UNE PERSONNE NORMALE, SEULE ET QUI SE BAT...
... POUR S'EN SORTIR DANS UN MONDE QUI VOUS MÉPRISE SANS RAISON.

MAIS ILS NOUS SAUVENT, MM ? QUAND PERSONNE D'AUTRE NE PEUT.
ENFIN, C'EST CE QU'ILS VEULENT NOUS FAIRE CROIRE.
SAUF QU'ILS N'ONT MÊME PAS SAUVÉ MA MÈRE.
RIEN NE CHANGE. C'EST TOUJOURS LA $£%&.
ELLE A EU UNE ATTAQUE EN RENTRANT DU BOULOT UN SOIR, APRÈS DEUX GARDES AUX URGENCES.
ELLE EST RESTÉE ÉTENDUE TROIS JOURS DANS LA RUE AVANT QU'ON LA TROUVE. ELLE A SURVÉCU DEUX JOURS.
SUR LE DOS... À REGARDER CES "HÉROS" QUI PASSAIENT AU-DES-SUS D'ELLE.
PAS UN SEUL N'A DAIGNÉ BAISSER LES YEUX.
LÀ OÙ NOUS, LES VRAIS GENS, ON VIT.
AAAGH !

ARRIÈRE, MORTELLE !
LES DÉMONS DE MUSPELHEIM SONT VENUS SUR MIDGARD SEMER LE CHAOS.
MAIS ILS ONT TROUVÉ LE PUISSANT THOR !
MJOLNIR, DANS MA MAIN !

MJOLNIR ?!
AAGH ! C'EST QUOI ?!
DÉ-GAGE !
RRRRGH!!!
MJOLNIR, VITE, AVANT...
HMMRGH !
HRRGGHMM !
MAUDITES TOILES DE LAVE...
AAGH !
MJOLNIR, LE TEMPS PRESSE !
TU DOIS REVENIR AVANT...

KRAKOOM
NOM DE DIEU !
OH. VOUS ÊTES...
AU SECOURS ! UNE AMBU-LANCE !
NON...
MARTEAU... TROP LONGTEMPS LOIN DE MOI. BESOIN DE...
... MJOLNIR.

LE MARTEAU ? NAN, VOUS RIGOLEZ ?
DANS VOTRE ÉTAT VOUS CROYEZ POUVOIR...
D'AUTRES DÉMONS CACHÉS DANS LES CIEUX MÉRITENT D'ÊTRE FRAPPÉS.
DES ÉCLAIREURS ENVOYÉS PAR MALEKITH, LE SEIGNEUR DES ELFES NOIRS. IL A DÛ PRÉVOIR D'ENVAHIR LA TERRE POUR MENER SA GUERRE DE...
TU SAIS QUOI ? ÇA N'A PAS D'IMPORTANCE.

VA T'ABRITER, JEUNE FILLE. CE SERA VITE TERMINÉ.
ET... S'IL TE PLAÎT... GARDE POUR TOI CE QUE TU AS VU.
QUE L'ŒIL D'ASGARD VEILLE SUR TOI.
OH. OK.
IDEM !
...
...
...
...
OUAH.

HÉ ! DES BLESSÉS PAR LÀ ?
NON, JE... ÇA VA.
QUOI QU'IL SE SOIT PASSÉ, ÇA A L'AIR FINI.
THOR A GAGNÉ. ET FACILEMENT, JE PARIE. TU AS VU QUELQUE CHOSE ?
JE... EUH...
JE RÉPONDS "JE NE SUIS PAS COMME CES IDIOTS QUI MARCHENT EN FIXANT LE CIEL".
C'EST CLAIR, CE N'EST PAS LÀ QU'ON VOIT LES VRAIS HÉROS.
JANE ! ON S'INQUIÉTAIT ! TROIS HEURES DE RETARD POUR LA CURE ! ENCORE !
OUI, DÉSOLÉE... UN IMPRÉVU.
CANCER CENTER
CEUX QUI SONT EN BAS, SUR TERRE...
... QUI SE BATTENT...
... POUR TENIR... AVANCER...
... COMME NOUS TOUS.

DES MOIS PLUS TARD...
JE DÉMARRE BIENTÔT L'ÉCOLE D'INFIRMIÈRE. JE SUIS LES PAS DE MA MÈRE.
JE SUIS ALLÉE AUX JOURNÉES D'ORIENTATION.
DES JEUNES DE TOUT LE PAYS. QUAND ILS DÉCOUVRAIENT QUE JE VIVAIS LÀ, ILS ME POSAIENT LA QUESTION CLASSIQUE...
"ÇA T'ARRIVE DE VOIR DES SUPER-HÉROS ?"
C'EST VRAIMENT LUI !
JE LE VOIS ! IL GRIMPE AU MUR !
ÇA DOIT ÊTRE SPIDER-MAN !
MAIS NON, C'EST UN LAVEUR DE VITRES !
"OUI, JE LEUR AI RÉPONDU. ON EN VOIT DE TEMPS EN TEMPS.
"IL FAUT REGARDER AU BON ENDROIT."

OBSERVATIONS DU JARDIN

J. Michael Straczynski Scénario
Kaare Andrews Dessin, encrage, couleurs
Lettrage Alessandra Gozzi

TOI, T'EN AS PARLÉ À QUELQU'UN ?
MOI ? NON. ON ME PRENDRAIT POUR UN TARÉ COMME D.
HÉ !
MAIS S'ILS LE FAISAIENT, JE M'OCCUPERAIS D'EUX. JE N'AI PAS PEUR DE BILLY THOMPSON. DE RIEN.
ET TOI ?
NON.
SI PERSONNE D'AUTRE NE LES VOIT, C'EST PEUT-ÊTRE PARCE QU'ILS SONT INCAPABLES DE LES VOIR. ON EST PEUT-ÊTRE LES SEULS.
ET SI C'EST LE CAS, ON DEVRAIT PEUT-ÊTRE AGIR EN CONSÉQUENCE.
EN CLAIR ?
JE NE SAIS PAS, JE ME DISAIS...
LÀ-BAS !
LES REVOILÀ !
OUAH.

J'AI MAL DESSINÉ LEUR TÊTE. JE VAIS CORRIGER.
JE ME DEMANDE CE QU'ILS COMBATTENT ?
ON NE LE SAURA JAMAIS. AUTANT INVENTER UN TRUC. COMME TU FAIS EN COURS D'ANGLAIS. TU INVENTES TOUT LE TEMPS.
OUI, MAIS C'EST DIFFÉRENT. LÀ, C'EST ***RÉEL***.
MÊME SI ON EST LES SEULS À LES VOIR ?

SURTOUT SI ON EST LES SEULS À LES VOIR.
COMME JE DISAIS, SI C'EST VRAI QU'ON EST LES SEULS À LES VOIR, ON DEVRAIT PEUT-ÊTRE PARLER D'EUX.
C'EST PEUT-ÊTRE NOTRE DEVOIR DE LE FAIRE.
ON VA NOUS TROUVER BIZARRES.
TU ES BIZARRE.
OUAIS, D'ACCORD, SI TU VEUX.
MAIS COMME JE L'AI VU AUJOURD'HUI, ON PEUT ÊTRE BIZARRE ET DÉROUILLER, OU PAS. SI ON SE LANCE, LES GENS VONT DIRE QU'ON EST RIDICULES, PRÉTENTIEUX... POUR QUI ON SE PREND ?
ÇA PEUT FOIRER. ON PEUT DÉROUILLER.
MON PÈRE A FAIT LA GUERRE. IL DIT QU'IL FAUT PARFOIS PRENDRE DES RISQUES POUR FAIRE CE QU'IL FAUT, CE QUI EST JUSTE.
OK, MAIS C'EST QUOI, L'AVANTAGE DE SE FAIRE TAPER ?

SI ON S'Y PREND BIEN, SI ON MONTRE AU MONDE CE QU'ON VOIT... UN JOUR, ILS LES VERRONT PEUT-ÊTRE COMME NOUS, ILS VERRONT QUE C'EST RÉEL.
OUAIS. ET APRÈS ?
ON NE VIEILLIRA JAMAIS.
ON NE MOURRA JAMAIS.
ET EUX NON PLUS.
STAN !
STEVE !
JACK !
À TABLE !
ON CONNAÎT LE MENU ?
ON EST JEUDI. JEUDI, C'EST POITRINE DE BŒUF.
BEUH. J'AIME PAS TROP. C'EST LA TEXTURE, JE CROIS.
C'EST PARCE QUE TU ES BIZARRE.
THWAP!
FWOOSH!

JE SUIS SI FLUET QUE ÇA ?
TAIS-TOI ET LIS.
DÉDIÉ À CEUX QUI ÉTAIENT LÀ, CEUX QUI SE SOUVIENNENT, CEUX QUI ONT AIMÉ, CEUX QUI ONT LUTTÉ, CEUX QUI ONT RI, CEUX QUI ONT APPRIS, CEUX QUI SONT LÀ DEPUIS LE DÉBUT ET CEUX QUI ONT SUIVI.
DÉDIÉ, EN GROS, À TOUS CEUX QUI VOIENT DERRIÈRE LA BARRIÈRE UN MONDE MEILLEUR. AUX NARRATEURS, AUX DESSINATEURS ET AUX RÊVEURS DONT LES HISTOIRES RESTENT À VENIR.
EXCELSIOR. *TOUJOURS PLUS HAUT.*

Bonjour et bienvenue dans

MARVEL AGE 1000

Une célébration de l'esprit et de l'essence intangible qui font la renommée de Marvel Comics depuis plus de soixante ans !

On peut envisager les débuts de Marvel de différentes manières. Historiquement, la société a commencé à publier des comics en 1939 avec *Marvel Comics* 1. Avant cela, cette même firme produisait des magazines *pulp* d'aventure de qualité douteuse. C'est pourquoi nous avons publié *Marvel Comics* 1000 en 2019 pour commémorer ce soixante-dixième anniversaire. Mais en réalité, la Maison des Idées telle que nous la connaissons a fait ses débuts en 1961, lorsque **Stan Lee** et **Jack Kirby** ont pour la première fois expérimenté une approche plus réaliste des super-héros au sein des pages de *Fantastic Four*.

L'an passé, **Nick Lowe** a supervisé *Amazing Fantasy* 1000 qui fêtait les soixante ans de notre Tisseur favori : **Spider-Man**. Comme *Marvel Comics* 1000 avant lui, on y trouvait des contributions signées par les plus grands noms de l'industrie. C'était un fabuleux album qui arrivait, je le pense, à la cheville de *Marvel Comics* 1000. Ce qui vous donne une idée du niveau à atteindre quand j'ai moi aussi dû m'atteler à un projet similaire. N'ayant pas d'anniversaire particulier auquel raccrocher mon concept, j'ai opté pour une approche plus ample. Voici un extrait du document que j'ai envoyé aux talents concernés :

« *Marvel Age* 1000 est un numéro unique censé célébrer l'intégralité de notre production, en particulier les aspects de nos personnages et de notre histoire qui en sont les plus représentatifs. Mon idée est que chaque récit porte sur quelque chose de spécifique à Marvel.

Par conséquent, j'attends des épisodes avec du cœur qui seront mémorables et toucheront les lecteurs. Évidemment, l'action y aura sa place – c'est l'un des points forts de Marvel après tout –, mais ce qui m'intéresse le plus, c'est de saisir l'humanité et l'empathie que transmettent nos personnages. Les histoires intimes seront donc acceptées et, pour tout dire, mieux accueillies que les grands récits.

En ce qui concerne les personnages mis en vedette, j'aimerais donner la part belle à ceux qui étaient là durant les premières années de Marvel, ceux qui ont forgé l'ère Marvel des années 1960. Mais ce n'est pas obligatoire. Une histoire de qualité sur un ou des personnages plus récents est tout à fait envisageable. De même, j'aimerais avoir une distribution aussi vaste que possible. C'est pourquoi je ne choisirai pas deux fois le même personnage, afin de ne pas avoir, disons, trois récits de **Spider-Man** sur un total de huit histoires. »

Comme sur les projets précédents, j'ai fait appel, d'une part à des auteurs qui ont eu une importance significative lors de leur passage chez Marvel et,

ET VOICI LES TIMBRES-PRIMES DE CE NUMÉRO !

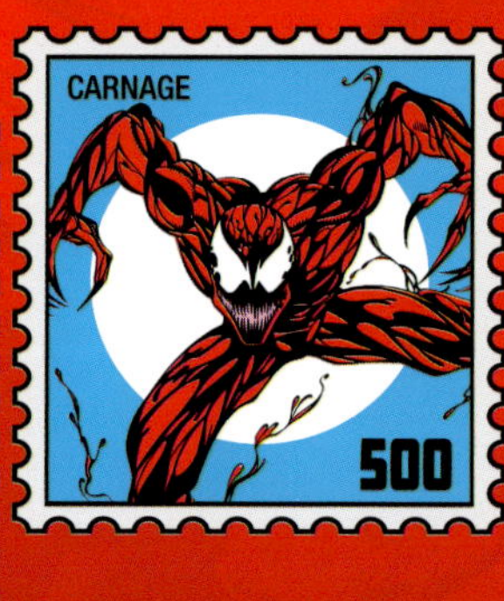

d'autre part, à des personnes dont j'avais toujours rêvé de voir exercer les talents sur l'un de nos récits. Finalement, et je l'espère sans trop me vanter, j'ai l'impression que tous ont fait des étincelles. Cet album rassemble d'excellentes et magnifiques histoires, du moins à mes yeux. Mais comme toujours, c'est vous, les lecteurs, qui aurez le dernier mot. Je vous fais confiance pour me dire si j'ai tort ou non. Mais soyez assurés que si vous vous sentez lésés par l'un de ces récits, c'est sûrement ma faute et non celle des créateurs.

L'une des caractéristiques remarquables de Marvel à ses débuts est la façon dont le rédacteur en chef Stan Lee faisait participer le public. Non seulement dans le courrier des lecteurs, mais également dans les pages du *Bullpen Bulletin* qui permettaient aux fans de jeter un œil dans les coulisses et de tisser un lien entre les scénaristes, les dessinateurs et leur audience. Stan a également eu l'idée d'offrir de petites babioles comme les "No-Prize" (une enveloppe vide envoyée à tous ceux qui avaient signalé une erreur dans les épisodes) ou bien un enregistrement sur Flexi-disque des voix de tout le Bullpen déclamant des expressions bien connues comme "Face Front!" ou "Nuff Said!".

Parmi ces outils promotionnels, les plus mémorables (et sans doute les plus tragiques) sont les "Timbres-Primes Marvel". Inspirés de ces timbres qui pouvaient être échangés contre des marchandises ou de l'argent dans certains magasins, les "Timbres-Primes Marvel" correspondaient à une série de cent vignettes, chacune imprimée dans le courrier des lecteurs ou sur une page des titres Marvel. Vous pouviez commander un album spécial pour les coller une fois les timbres découpés. Eh oui, pour ce faire, vous deviez découper vos comics.

Ces numéros de 1974 sont depuis devenus la plaie de tous les collectionneurs. Bien souvent, il leur est arrivé de finalement dénicher la perle rare qui manquait à leur collection. Mais quelle n'était pas leur surprise, en feuilletant la revue après l'avoir préalablement sortie de son sac protecteur, de découvrir un trou béant au beau milieu du récit, car de l'autre côté se trouvait autrefois un "Timbre-Prime". Pire, l'un de ces épisodes est devenu l'un des plus recherchés de toute l'histoire des comics : *Incredible Hulk* 181, soit le numéro de la première apparition de **Wolverine**, qui rapporterait aujourd'hui un nombre à quatre chiffres si tant est qu'il soit en excellente condition. Qui sait combien d'exemplaires ont été défigurés au cours des années par des lecteurs armés d'une paire de ciseaux ? Imaginez un peu la perte de valeur !

Alors, afin de perpétuer cette tradition, nous avons décidé d'intégrer dans ces deux pages de nouveaux "Timbres-Primes Marvel" à l'effigie de héros qui, j'en suis certain, n'ont jamais eu droit à cet honneur. Comme nous avions déjà créé de nouveaux timbres pour d'autres occasions, nous avons fait le choix de débuter ceux-ci au numéro 300, puis d'ajouter une centaine à chaque vignette afin d'arriver au numéro 1000. Mais réfléchissez bien avant d'utiliser vos ciseaux : on ne sait jamais combien vaudra cet album dans les décennies à venir !

Tom Brevoort
12 juin 2023

DÉCOUPEZ-LES ET COLLECTIONNEZ-LES ! (OU PAS !)

Marvel Age (2023) 1000
Couverture variante : **FRANCIS MANAPUL**

Marvel Age (2023) 1000
Couverture variante : **RYAN STEGMAN**

Marvel Age (2023) 1000
Couverture variante : **FRANK MILLER**

Marvel Age (2023) 1000
Couverture variante : **GREG LAND**

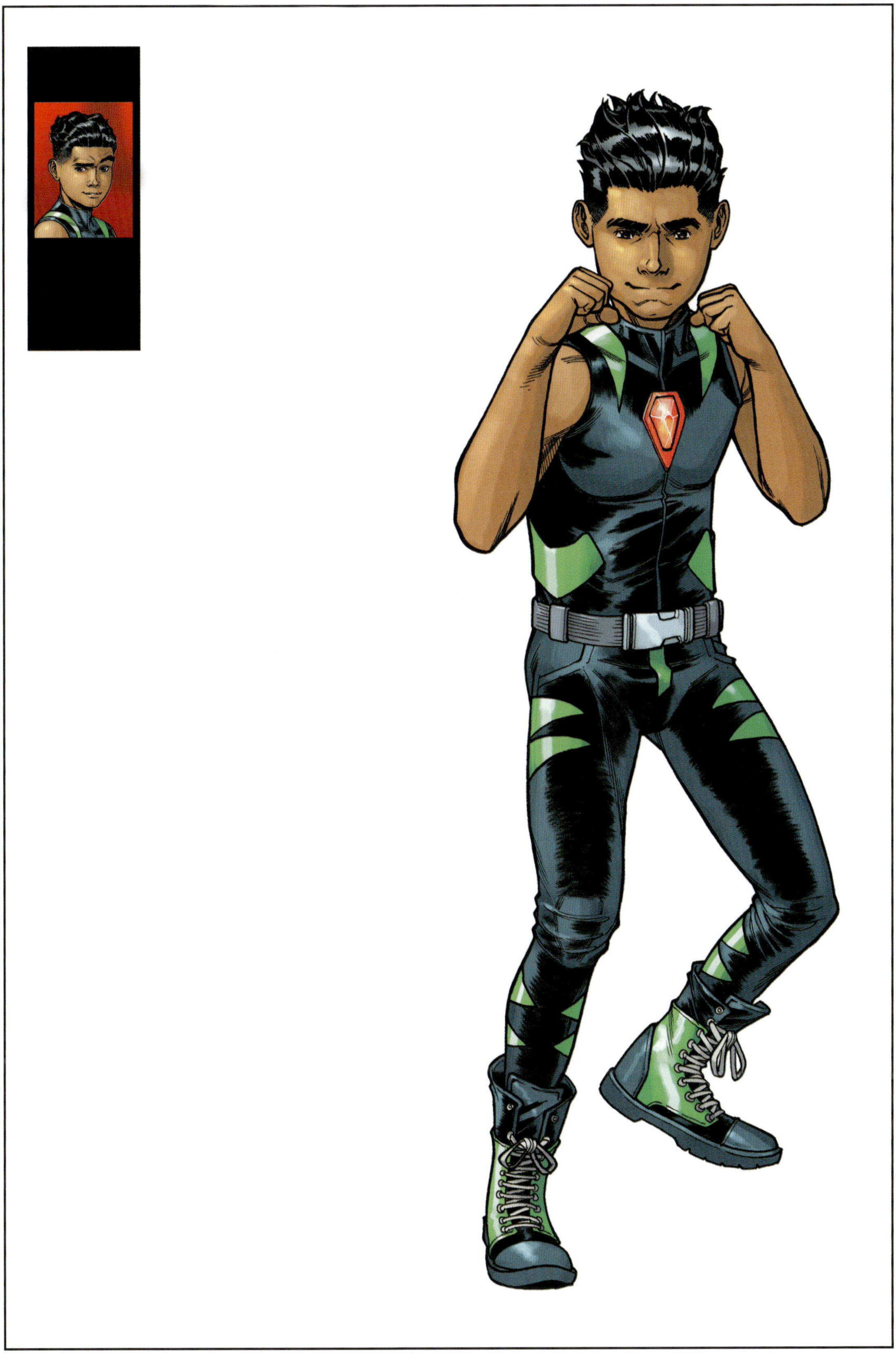

Marvel Age (2023) 1000
Couverture variante : **JAVIER GARRÓN**

Marvel Age (2023) 1000
Couverture variante : **GEORGE PÉREZ**

DES AUTEURS POUR TOUS LES ÂGES

À numéro exceptionnel, distribution exceptionnelle. Pour ce *Marvel Age* 1000, le rédacteur **Tom Brevoort** a choisi des auteurs liés au passé, au présent et au futur de la Maison des Idées. Parmi ces scénaristes historiques, nous retrouvons **Mark Waid** et **Dan Slott**. Férus de la continuité, ils connaissent sur le bout des doigts l'histoire éditoriale de leurs personnages. De Flash à Captain America, de la Ligue de Justice aux Quatre Fantastiques, Mark Waid a travaillé sur les plus grands héros Marvel et DC. Dan Slott, lui, est bien connu des lecteurs de Spider-Man puisqu'il a côtoyé le personnage pendant dix ans, lui offrant des sagas culte comme *Spider-Island* et *Spider-Verse*. **Jason Aaron** fait aussi partie des "architectes" de Marvel. À l'issue de sa série *Scalped* pour Vertigo, il a réalisé des runs importants sur *Thor*, *Punisher* et *Avengers* pour la Maison des Idées. La force de l'éditeur réside aussi dans sa capacité à accueillir des personnalités a priori étrangères au monde des comics. On pense notamment à des créateurs de séries télévisées comme **J. Michael Straczynski** (*Babylon 5*) et **Armando Iannucci** (*Veep*), ainsi qu'à l'autrice de romans pour jeunes adultes **Rainbow Rowell** (*Fangirl*). De même, des artistes singuliers tels que **Mike Allred**, créateur du comics indépendant *Madman*, et **Kaare Andrews**, auteur de nombreuses couvertures, ont apporté leur vision à des personnages phares dans *Silver Surfer* ou encore *Spider-Man: Reign*. **Adam Kubert**, connu pour *Incredible Hulk* et *Wolverine*, et **Steve McNiven**, auteur avec **Mark Millar** de l'événement *Civil War*, sont également des dessinateurs de longue date chez Marvel. On retrouve aussi des artistes venus d'horizons différents. L'Espagnol **Pepe Larraz** a redéfini les X-Men avec **Jonathan Hickman** dans *House of X*. L'Américain **Ryan Stegman**, grand admirateur de **Todd McFarlane**, a pu illustrer ses personnages préférés dans *Superior Spider-Man* et *Venom*. Le jeune dessinateur italien **Alessandro Cappuccio** relance *Moon Knight* en 2021 avec l'aide du scénariste **Jed MacKay**. Quant à l'illustratrice française installée au Canada **Marguerite Sauvage**, elle travaille autant dans le domaine de la jeunesse, de la publicité que des comics avec les titres *DC Comics Bombshells* et *Life of Captain Marvel*.